프로이트 전집 4권

꿈 이론에 대한 메타심리학적 보충
애도와 멜랑콜리
신경증과 정신병
신경증과 정신병에서의 현실 상실
'신기한 글쓰기 판'에 대한 소고
부정
절편음란증(물신주의)
방어 과정에서의 자아분열

Originally published as "Studienausgabe in 10 Bänden" by Sigmund Freud,
edited by Ilse Grubrich-Simitis
Band 3. Psychologie des Unbewußten
Copyright © S. Fischer Verlag GmbH, Frankfurt am Main 1969, 1989

프로이트 전집 4권

꿈 이론에 대한 메타심리학적 보충 | 애도와 멜랑콜리 | 신경증과 정신병 | 신경증과 정신병에서의 현실 상실 |
'신기한 글쓰기 판'에 대한 소고 | 부정 | 절편음란증(물신주의) | 방어 과정에서의 자아분열

초판 1쇄 발행 2025년 6월 17일

—

저자 지그문트 프로이트

편집 투레 폰 우엑스퀼 · 일제 그루브리히–지미티스

감수 요하네스 크레메리우스 · 한스 J. 에거스 · 토마스 루크만

편역 홍준기

발행인 이방원

책임디자인 양혜진

기획 김명희 · 박준성   **마케팅** 최성수   **경영지원** 이병은

—

발행처 세창출판사

신고번호 제1990-000013호   주소 03736 서울시 서대문구 경기대로 58 경기빌딩 602호

전화 02-723-8660 팩스 02-720-4579   이메일 edit@sechangpub.co.kr   홈페이지 http://www.sechangpub.co.kr

블로그 blog.naver.com/scpc1992   페이스북 fb.me/Sechangofficial   인스타그램 @sechang_official

—

ISBN 979-11-6684-418-8 94180

979-11-6684-414-0 (세트)

4

sigm. Freud

프로이트 전집

지그문트 프로이트 저

투레 폰 우엑스퀼 · 일제 그루브리히-지미티스 편집

요하네스 크레메리우스 · 한스 J. 에거스 · 토마스 루크만 감수

홍준기 편역

세창출판사

차례

일러두기

† 본문 중 대괄호 속에 서술된 부분은 역자가 원문의 원활한 이해를 위해 임의
로 추가한 것이다.
† '원주'나 '편집자주'로 표기되지 않은 각주는 모두 역자의 것이다.
† '외국 인명' 또는 '지명'은 원칙적으로 국립국어원 외래어표기법을 따랐으나
경우에 따라서는 실제 발음에 가깝게 표기하였다.

꿈 이론에 대한 메타심리학적 보충

(1917/1915)

이 글은 명백히 「애도와 멜랑콜리」와 함께, 단지 11일 동안, 즉 1915년 4월 23일부터 5월 4일까지 집필되었다. 그러나 그로부터 2년 후에야 출간되었다. 제목이 말해 주듯이, 본질적으로 이 글의 목표는 프로이트의 새로운 체계적 이론을 『꿈의 해석』(1900a)의 7장에서 제시된 가설들에 적용하는 것이다. 그러나 이 논문의 상당 부분은 수면 상태가 심리의 상이한 '체계들'에 행하는 작용에 대한 논의로 이루어져 있다. 그리고 이러한 논의는 환각의 문제와 사람들이 정상 상태에서 '어떻게 환상과 현실을 구분할 수 있게 되는가'라는 질문에 주로 집중되어 있다.

프로이트는 이미 아주 초기에 이 문제에 몰두했다. 이 문제는 프로이트의 1895년의 『[심리학] 초안』(1950a)(특히 1부의 'Ψ 속에서의 일차과정과 이차과정', 그리고 '인식과 재생적 사고'라는 제목의 장, 그리고 3부의 1장)에서 광범위하게 다루어졌다. 거기에서 제안된 해결책이 비록 다른 용어의 옷을 입고 있지만 여기에서 제시된 해결책과 유사하다는 것은 분명하다. 그것은 주로 두 개의 사고 과정을 포함한다. 프로이트는 '심리적 일차과정들'이 심지어 표상과 지각을 구분하지 않는다고 주장한다. 심리적 일차과정들은 '심리적 이차과정들'을 통해 최초로 억제되어야 한다. 그것들은 '자아'가 충분히 커다란 점령 에너지의 총량을 갖고 있을 때(즉 자아가 억제를 위해 필요한 에너지를 사용할 수 있을 때)에만 행동할 수 있다. 억제의 목표는 지각장치로부터 '현실기호'가 도달하기 위한 시간을 버는 것이다. 그러나 둘째로, 자아는 억제 및 연기(延期)의 기능 이외에도 외부세계에 대한 '주의(注意)[를 위한 에너지]점령'의 역할을 담당한다(1권 182~183쪽, 그리고 183쪽 각주 128). 자아의 이러한 역할이 없다면 현실 기호는 관찰될 수 없다.

『꿈의 해석』(SA, Bd. 2, S. 539 이하, 568 이하)에서 프로이트는 어떤 것이 실제적인 것인지 아닌지를 판단하기 위해 필요한 억제와 연기라는 본질적 기능을 다시 한번 강조하고 이 기능을 '이차

과정'에 귀속시킨다. 비록 그가 자아 그 자체에 대해서는 언급하지 않지만 말이다. 이 주제에 대한 그다음의 자세한 설명은 「심리적 사건의 두 원칙에 관한 정식화」에서 이루어진다(3권 13쪽 이하). 프로이트는 거기에서 최초로 '현실 검사'라는 용어를 사용한다. 또한 거기에서 이차과정의 주의기능을 다시 한번 언급하며, 그것을 재차 강조한다. 그것은 외부세계를 주기적으로 탐색하는 기능으로 기술되고 있으며, 특히 감각 기관들 및 의식과 결합된다. 특히 「꿈 이론에 대한 메타심리학적 보충」에서 탐구되는 것이 그 문제의 마지막 측면, 즉 체계 W와 Bw의 역할의 연관성이다.

그러나 이로써 이 주제에 대한 프로이트의 관심사는 결코 소진되지 않았다. 그리하여 프로이트는 『집단심리학과 자아분석』(1921c)에서 현실 검사의 기능을 자아이상에 귀속시키지만(*SA*, Bd. 9, S. 107), 곧 그 후에 「자아와 이드」(1923b) 3장 서두의 한 각주에서 이 견해를 취소한다(2권 112쪽 각주 88). 『[심리학] 초안』에서의 저 초기 정식화 이후에 이제야 비로소 현실 검사는 궁극적으로 자아의 역할로 간주된다. 「부정」(1925h)에서의 특히 흥미로운, 훨씬 나중의 이 주제에 대한 설명에서 프로이트는 현실 검사는 자아와 감각지각장치의 발생학적 관계가 가깝다는 사실에 의존한다고 말한다(이 책의 131~132쪽). 그 논문(그리고 거의 동시에 출간된 「신기한 글쓰기 판」에 대한 소고」)에서, 자아는 탐색적인 점령 에너지 다발을 외부세계를 향해 내보낸다는 언급을 추가적으로 발견할 수 있다(이 책의 121쪽). 명백히 이는 원래 '주의'라고 명명되었던 것을 다른 용어로 재기술한 것이다. 그러나 「부정」에서 프로이트는 현실 검사에 대한 분석을 계속해서 수행했고, 그 발달의 전체 과정을 개인의 가장 초기의 대상 관계로 소급해 추적했다.

자아심리학에 대한 증가하는 관심은 후에 프로이트로 하여금 외부세계에 대한 자아의 관계에 대해 더 정확히 연구하도록 이끌어 갔다. 「자아와 이드」 직후에 출간한 두 개의 짧은 논문(1924b, 1924e)에서 프로이트는 신경증 그리고 정신병에서 자아가 현실과 맺는 관계의 차이점에 대해 설명한다. 그리고 「절편음란증(물신주의)」(1927e)에서 그는 자아의 방어조치 중 하나, 즉 이전에 억압과 명확히 분리되지 않았던 '부인' ―참을 수 없는 외부 현실에 대한 자아의 반응― 에 대한 최초의 자세한 설명을 제시한다. (방금 언급한 세 편의 논문은 이 책에 수록되었다.) 이 주제는 프로이트의 마지막 저작 중 몇몇을 통해, 특히 유작으로 출간된 『정신분석 개요』(1940a/1938)의 8장에서 마지막으로 계속 발전되었다.

꿈 이론에 대한 메타심리학적 보충[1]

우리는 다양한 기회에 우리가 병적 상태의 정상적인 전형들로 간주할 수 있는 어떤 상태와 현상을 비교해 보는 것이 우리의 연구에 도움이 된다는 경험을 하게 될 것이다. 우리는 다음과 같은 사실을 그다지 생각하지 않고 살아간다. 즉 매일 밤 사람들은 피

---

1 이 글과 「애도와 멜랑콜리」는 내가 원래 『메타심리학을 위한 예비적 고찰』이라는 제목으로 저서의 형태로 출간하고자 했던 논문 모음집으로부터 유래한 것이다. 그 것들은 『의학적 정신분석을 위한 국제 잡지』 3집에 출간되었던 논문들 ―이 잡지에는 「충동들과 충동의 운명들」, 「억압」, 「무의식」이 실려 있다― 과 연결된다. 이 일련의 논문들은 우리가 정신분석 체계의 근거로 삼을 수 있는 이론적 가정들을 설명하고 심화하려는 의도를 갖고 있다(1권 30~31쪽). ―원주

부 위에 씌웠던 덮개[옷]를 벗으며, 또한 예를 들면 안경, 가발, 의치 등 자신의 신체 기관을 위한 보충적 도구도 벗어 버린다. [온종일] 그러한 대체물을 통해 신체의 결함을 덮는 데 성공했다면 말이다. 우리는 다음 사실을 덧붙일 수 있을 것이다. 사람들은 자러 갈 때, 이와 유사한 방식으로 자신의 심리를 벗어 버리고, 자신의 심리적 성취물을 대부분 포기하며, 그리하여 자신의 발달의 출발점이 되었던 상황에 양 측면에서 비범하게 접근한다. 잠은 육체적으로는 휴식, 따뜻함 그리고 자극으로부터의 보호라는 조건들이 충족되는 자궁 속 체류의 재활성화이다. 그렇다. 많은 사람이 수면할 때, 시 태아가 취하는 육체적 태도를 다시 취한다. 잠자는 사람의 심리적 상태는 환경세계로부터의 거의 완전한 퇴각, 그리고 자신과 관련된 모든 이해관계의 중단이라는 특징을 갖고 있다.

우리가 정신신경증적 상태를 조사해 보면, 그것의 모든 상태에서 소위 시간적 퇴행을 강조하지 않을 수 없게 된다. 즉 되돌아가 붙잡음의 총체로서 이는 [개인의] 발달 과정에서 각각의 모든 신경증 상태에 고유한 것이다. 우리는 두 개의 퇴행, 즉 자아 발달의 퇴행과 리비도 발달의 퇴행을 구분할 수 있다. 후자는 수면 상태에서 원초적 나르시시즘의 산출에 도달하며, 전자는 환각적 소망 성취의 단계에 도달한다(이 책의 22쪽 이하).

우리가 수면 상태의 심리적 특징들에 대해 알고 있는 것은, 물론 꿈 연구를 통해 경험한 것이다. 그가 잠을 자지 않는 한에서 꿈은 우리에게 그 사람에 대해 무언가를 알려 주지만, 또한 그는 잠 그 자체의 특징들에 대해 우리에게 무언가를 알려 주게 되는 것을 피할 수 없다. 관찰을 통해 우리는 처음에는 이해할 수 없었지만, 이제는 어렵지 않게 정리할 수 있는 꿈의 몇몇 특징을 알게 되었다. 그리하여 우리는 꿈은 절대적으로 이기적이라는 것,[2] 그리고 꿈의 장면에서 주요 역할을 행하는 사람은 항상 자기 자신임이 밝혀진다는 것을 알고 있다. 이것은 개념적으로 볼 때 수면 상태의 나르시시즘으로부터 쉽게 도출된다. 나르시시즘과 이기주의는 일치하는 것이다. "나르시시즘"이라는 단어는, 이기주의도 리비도적 현상이라는 것, 또는 달리 표현하면 나르시시즘은 이기주의의 리비도적 보완이라고 지칭될 수 있다는 것을 강조할 뿐이다.[3] 또한 일반적으로 승인되어 있으며 수수께끼

---

2 『꿈의 해석』 5장 D절(SA, Bd. 2, S. 271 이하) 참조. 그러나 1925년에 한 각주에 추가된 논평도 참조(같은 책, S. 274의 각주 2). —편집자주
3 나르시시즘과 이기주의의 관계에 대한 더 상세한 설명은 『정신분석 입문 강의』 스물여섯 번째 강의에 등장한다(SA, Bd. 1, S. 402~403). —편집자주

같다고 간주되는 꿈의 "진단" 능력도 마찬가지로 이해할 수 있다. 꿈에서는 육체의 통증이 시작될 때 깨어 있을 때보다 더 일찍 그리고 더 명확하게 그것을 느끼게 되며, 모든 현실적인 육체 감각의 강도가 매우 증가해 등장한다.[4] 이러한 증가는 건강염려증적 본성을 갖는다. 그것은 외부세계에 대한 모든 심리적 점령이 자신의 자아로 철회되었다는 전제를 갖고 있다. 그리고 이제 그것은 깨어 있을 때 일정 시간 동안 감지되지 않은 채 남아 있는 육체적 변화를 더 일찍 인식할 수 있도록 해 준다.

꿈은 잠을 방해하고자 했던 어떤 것이 발생했음을 우리에게 보여 주며, 이러한 방해가 어떻게 방어될 수 있었는지, 그 방법에 대한 통찰력을 제공해 준다. 마침내 잠자는 사람은 꿈을 꾸었고 계속 잘 수 있었다. [그리고] 그를 사로잡았던 내적 요구 대신에 그것[외적 경험]의 요구가 처리된 외적 경험이 등장했다. 따라서 꿈은 투사, 즉 내적 과정의 외면화(外面化)이기도 하다. 우리가 다른 곳에서 방어수단 중 하나로 투사에 대해 이야기한 적이 있다는 사실을 상기하자. 히스테리적 공포증의 메커니즘도 개인이 외적 위험, 즉 내적인 충동의 요구 대신에 등장한 외적 위험

---

4 『꿈의 해석』, *SA*, Bd. 2, S. 30, 59 참조. —편집자주

에 대한 도피 시도를 통해 자신을 보호하려고 한다는 것에서 정점에 달한다.[5] 그러나 투사에 대한 근본적인 설명은 우리가 투사 메커니즘이 현저한 역할을 행하는 나르시시즘적 질병을 분해할 수 있게 될 때까지 미루어 두도록 하자.[6]

그러나 잠자려는 의도가 방해에 부딪치는 경우는 어떤 방식으로 생겨나는가? 방해는 내적 자극 또는 외적 자극으로부터 나올 수 있다. 우리는 좀 덜 투명하지만 더 흥미로운 내부로부터의 방해 사례를 고찰하고자 한다. 경험은 꿈을 자극하는 것이 낮의 잔재, 사고점령 —점령의 일반적 철회가 일어나지 않으며, 오히려 이와 반대로 일정 정도의 리비도적 관심 또는 다른 관심을 보유하고 있는— 이라는 것을 우리에게 보여 준다. 여기에서 수면의 나르시시즘[7]은 처음부터 예외를 허용해야 하는데, 이 예외와 더불어 꿈 형성물이 생기기 시작하는 것이다. 우리는 분석을 통해 이 낮의 잔재들이 잠재적인 꿈사고라는 것을 알게 되었고, 그것들의 본성과 상황 전체를 고려해 그것들을 전의식적 표상으로,

---

5 「무의식」(1권 166~168쪽) 참조. —편집자주

6 이것은 아마도 망상증에 관한 사라진 글을 가리키는 것 같다. —편집자주

7 이것과 그다음 문단에 대해서는 『꿈의 해석』, *SA*, Bd. 2, S. 528~529 참조. —편집자주

전의식 체계에 속하는 것으로 간주해야 한다.

꿈 형성에 대한 계속적인 설명이 성공하기 위해서는 몇몇 어려움을 극복해야 한다. 수면 상태의 나르시시즘은 모든 대상 표상으로부터, 즉 무의식적 부분이든 전의식적 부분이든 모든 대상 표상으로부터 점령을 철회한다는 것을 의미한다. 어떤 "낮의 잔재"가 점령된 상태로 남아 있다고 할 때, 이것이 밤 시간에 의식의 주목을 강제할 수 있을 만큼 많은 에너지를 보유하고 있다고 가정하는 것은 우려스러운 가정이다. 사람들은 차라리 [밤 동안에] 낮의 잔재들에 남아 있는 점령이 낮 동안의 그것들에 대한 점령들보다 많은 점에서 더 약하다고 가정하고 싶어 할 것이다. 낮의 잔재들이 꿈 형성자로서 등장하려면 무의식적 충동자극들로부터 강도를 획득해야 한다는 점은 분석을 통해 우리에게 증명되었고, 이를 통해 우리는 더 많은 사변을 시도할 수 있었다. 이러한 가정에는 우선 아무런 어려움이 없다. 왜냐하면 전의식과 무의식 사이의 검열이 감소했고, 이 두 체계 사이의 교류가 따라서 차라리 용이해졌다고 우리는 믿기 때문이다.[8]

그러나 다른 우려가 존재한다는 점에 대해 침묵해서는 안 될

---

[8] 같은 책, S. 503. ―편집자주

것이다. 나르시시즘적인 수면 상태가 무의식 체계와 전의식 체계의 모든 점령을 철회하는 결과를 낳았다면, 전의식적 낮의 잔재가 무의식적인 충동자극들에 의해 강화될 수 있는 가능성도 없어질 것이다. 충동자극들은 자신의 [리비도]점령을 자아에 다 주어 버렸기 때문이다. 꿈 형성 이론은 여기에서 모순에 처한다. 그러지 않으려면 수면 상태의 나르시시즘에 관한 가정의 수정을 통해서 꿈 이론이 구제되어야 한다.

지금까지의 가정에 대한 수정은 후에 밝혀지겠지만[9] 조발성 치매 이론을 위해서도 필수적이다. 수정된 가정은 다음과 같다. 무의식 체계의 억압된 부분은 자아로부터 시작되는 수면 소망을 따르지 않으며, 전체적으로 또는 부분적으로 자신의 점령을 유지하고, 억압의 결과로서 자아로부터의 독립성을 어느 정도 창출한다는 것이다. 그리고 이에 상응해, 충동의 위험에 대처하기 위해서는 억압을 위해 소모된 에너지의 양(반대점령)이 밤 동안에 유지되어야 한다.[10] 정동의 발산과 운동으로 이어지는 모든 통로가 차단되어 필요한 반대점령의 크기가 현저하게 작아진다

9　이것이 무엇을 가리키는지는 분명하지 않다. —편집자주
10　『꿈의 해석』, *SA*, Bd. 2, S. 540~541. 그리고 1권 111쪽 참조. —편집자주

고 할지라도 말이다. 따라서 우리는 꿈 형성으로 이끄는 상황을 다음과 같이 묘사할 수 있을 것이다. 잠자고 싶다는 소망은 자아로부터 나온 모든 점령을 철회하고 절대적인 나르시시즘을 만들어 내고자 시도한다. 그러나 그것은 부분적으로만 성공할 수 있다. 무의식 체계의 억압된 것이 잠자고자 하는 소망을 따르지 않기 때문이다. 따라서 반대점령의 한 부분이 또한 유지되어야 하며, 무의식과 전의식 사이의 검열도 아주 강하지는 않더라도 남아 있다. 자아의 지배가 지속되는 한 모든 체계는 점령을 상실한다. 무의식적 충동점령이 강하면 강할수록 잠은 약해진다. 우리는 자아가 수면 동안에 자유로워진 억압된 자극들을 억제할 수 없다고 느끼기 때문에 수면 소망을 포기하는 극단적인 사례를 또한 알고 있다. 달리 말하면 자아는 자신의 꿈을 두려워하기 때문에 수면을 포기한다는 것이다.[11]

후에[12] 우리는 억압된 자극들의 저항성이라는 가설을 중요한 것으로 평가하게 될 것이다. 여기에서는 꿈 형성의 상황에 대해 계속 논의해 보자.

---

[11] 같은 책, S. 552. —편집자주
[12] 이것이 무엇을 가리키는지도 불분명하다. —편집자주

우리는 앞서 언급했던 가능성, 즉 전의식적인 낮의 사고 중 몇몇도 저항적이라는 것이 밝혀질 수 있으며, 자신의 점령의 일부분을 유지하고 있다는 가능성(이 책의 19쪽)을 나르시시즘에 대한 두 번째 침해[13]로 평가해야 할 것이다. 이 두 경우는 근본적으로는 동일한 것일 수 있다. 낮의 잔재들의 저항은 이미 깨어 있을 때 존재하는, 무의식적 자극과의 결합에 그 궁극적 원인이 있을 수 있거나, 또는 더 복잡한 어떤 것이 문제일 수도 있다. 그리고 완전히 점령이 철회되지 않은 낮의 잔재들은 수면 상태에서 비로소, 전의식과 무의식 사이의 용이해진 의사소통 덕택에 억압된 것과 관련을 맺는다. 이 두 경우에 꿈 형성을 위한 결정적 진전이 발생한다. 전의식적인 꿈 소망이 형성되는데, 이것이 전의식적 낮의 잔재의 재료를 통해 무의식적 자극을 표현한다. 이 꿈 소망을 낮의 잔재와는 철저히 구분해야 한다. 그것은 깨어 있을 때는 존재하지 않았음에 틀림없다. 그것을 의식으로 번역하려고 할 때, 그것은 모든 무의식적인 것이 갖고 있는 비합리적 성격을 이미 보일 수 있다. 꿈 소망을 아마도 전의식적인 (잠재적) 꿈사고들 사이에 존재하는 ―그러나 반드시 그런 것은 아니다― 소망

13　첫 번째 침해는 '억압된 자극들의 저항성'이다. ―편집자주

자극들과 혼동해서도 안 된다. 그러나 그러한 전의식적 소망들이 존재했다면, 그것들에 꿈 소망이 덧붙어서 그 전의식적 소망들에 가장 강력한 활동성을 부여한다.

본질상 무의식적인 충동의 요구를 대표하는 소망자극 —전의식 속에서 꿈 소망(소망을 충족시키는 환상)으로 형성된 소망자극— 의 추가적인 운명들에 대해 이제 논의해 보자. 숙고를 통해 그것이 세 가지 상이한 방식으로 처리된다는 것을 우리는 알 수 있다. [첫째] 깨어 있는 동안 통상적으로 일어나는 과정으로서, 전의식에서 의식으로 진입하거나, 또는 [둘째] 의식을 회피해 동작적으로 발산되거나, 또는 [셋째] 예기치 못한 길을 택한다. 물론 관찰을 통해 우리가 이것을 실제적으로 추적할 수는 있다. 첫 번째 경우에 그것은 소망 충족의 내용을 가진 망상적 관념이 되지만 수면 상태에서 그것이 발생하지는 않는다. (심리적 과정들의 메타심리학적 조건들에 대해 너무 아는 것이 없기 때문에 우리는 이러한 사실로부터, 한 체계에서 완전한 점령 철회가 일어나면 그 체계는 자극을 거의 받지 않게 된다는 암시만을 얻을 수 있을 뿐이다.) 두 번째 경우, 즉 [소망자극이] 직접적인 동작으로 발산되는 것은 동일한 원칙[14]에 의해 배제되

---

[14] 점령되지 않은 체계들은 자극되지 않는다는 원칙(이 책의 36쪽 각주 35)은 프로이트의

어야 한다. 동작으로의 접근은 보통의 경우 의식의 검열로부터 한 걸음 더 멀리 떨어져 있다[그럼에도 방금 언급한 경우에서는 직접적인 동작을 통한 발산이 일어나지 않아야 한다]. 그러나 그것은 예외적으로 **몽유병**의 경우에 관찰된다. 우리는 어떤 조건이 이것을 가능케 하는지, 그리고 왜 그것이 더 자주 발생하지 않는지 알지 못한다. 꿈이 형성될 때 정말로 어떤 일이 일어나는지는 매우 특이한 예측 불가능한 결정이다. 전의식에서 시작되고 무의식을 통해 강화된 과정은 무의식을 경유해, 의식에 밀어닥치는 지각으로 되돌아가는 길을 취한다. 이 **퇴행**이 꿈 형성의 세 번째 단계이다. 우리는 여기에서 이전의 내용을 개관하기 위해 반복적으로

후기 저작들, 예를 들면 「쾌락원칙을 넘어서」(3권 35쪽 이하), 그리고 「'신기한 글쓰기 판'에 대한 소고」(이 책 113쪽 이하)의 끝부분에서 드러나는 듯 보인다. 1895년의 『[심리학] 초안』에서 이미 신경학적 용어로 그 원칙은 암시되었다. 그 저작의 1부, '만족의 경험'이라는 제목이 붙은 절에서 프로이트는 "뉴런의 양은 [리비도]점령되지 않은 뉴런보다는 점령된 뉴런으로 더 용이하게 이행한다"고 확정한다. 또한 '꿈 분석'이라는 절에서 그는 이 가설을 꿈에서의 동작적 발산의 문제 ―이는 분문의 구절이 다루고 있는 문제다― 에 적용한다. 그는 이렇게 말한다. "꿈은 운동적 발산, 그리고 주로 운동적 요소들을 결여하고 있다. 사람들은 꿈을 꿀 때 마비된다. 이러한 특징에 대한 가장 편안한 설명은 척추의 예비적 점령이 발생하지 않는다는 것이다. … 운동적 자극들은 점령되지 않은 뉴런들에 있는 장벽을 넘어설 수 없다." 몇 문단 뒤에서 그는 꿈점령의 환각적 본성에서의 "역행적 흐름"에 대해 이야기한다. 이것 또한 위 본문 문단 후반부의 표현에 상응하는 내용이다. ―편집자주

말하고자 한다. 그것은 전의식적인 낮의 잔재의 강화, 그리고 꿈 소망의 형성이다.

우리는 앞서 언급한 바 있는(이 책의 14쪽) 시간적 또는 발달사적 퇴행과 구분하기 위해 그러한 퇴행을 지형학적 퇴행이라고 부른다.[15] 양자는 항상 일치하는 것은 아니지만, 우리가 방금 제시한 예에서는 일치한다. 전의식으로부터 출발해 무의식을 거쳐 지각으로 향하는 자극 진행의 역전은 동시에 환각적 소망 충족의 전(前) 단계로의 복귀이다.

『꿈의 해석』을 통해 우리는 꿈이 형성될 때 어떤 방식으로 전의식적 낮의 잔재가 퇴행하는지 알고 있다.[16] 이때 사고들은 ―주로 시각적― 이미지들로 변형된다. 즉 묘사 가능성에 대한 고려(Rücksicht auf Darstellbarkeit)가 과정을 전반적으로 지배한다는 듯이 단어표상들이 그것들에 상응하는 사물표상으로 되돌아간다는 것이다.[17] 퇴행이 완성되면, 일차과정이 영향을 미치는, 무의식 체계에서의 일련의 점령, 즉 사물표상들의 점령들이 남게

---

15 『꿈의 해석』 7장에 1914년에 추가된 문단(여기에서 세 종류의 퇴행이 구분된다. *SA*, Bd. 2, S. 523~524)과, 『정신분석 입문 강의』 스물두 번째 강의에서의 퇴행에 대한 추가적인 설명(*SA*, Bd. 1, S. 334 이하)을 참조. ―편집자주
16 『꿈의 해석』, *SA*, Bd. 2, S. 518 이하. ―편집자주
17 같은 책, S. 523. ―편집자주

되며, 그리하여 일차과정은 그 점령된 것들의 압축과 전치를 통해 마침내 명백한 꿈내용을 형성하게 된다. 낮의 잔재들의 단어표상들은 사유의 표현이 아니라 지각의 새롭고 현재적인 잔재인 경우에만 사물표상인 것처럼 다루어지며 압축과 전치의 영향에 종속된다. 따라서 꿈의 해석에서 제시된, 그리고 그 이후에 명백하게 확증된 다음 규칙이 도출되는 것이다. 즉 꿈에서 단어와 말은 새로 형성되는 것이 아니라 낮에 경험한 말(또는 그 밖의 새로운 인상들이나 읽은 것들)을 본떠서 만들어진다는 규칙 말이다.[18] 주목할 만한 것은 꿈 작업은 [개별적인] 단어표상들에 집착하지 않는다는 것이다. 유연하게 묘사할 수 있는 유리한 수단을 제공하는 표현을 발견할 때까지 꿈 작업은 언제든지 단어들을 서로 바꿀 준비가 되어 있다.[19]

---

[18] 같은 책, S. 406 이하. —편집자주

[19] 나는 질베러(H. Silberer)가 강조한, 그러나 아마도 과대평가한 다음 사실, 즉 많은 꿈은 두 개의 적절한, 그러나 본질적으로 다른 해석 —질베러는 이 중 하나를 분석적 해석, 다른 하나를 우의적(anagogisch) 해석이라고 부른다— 을 동시에 허용한다는 사실도 묘사 가능성에 대한 고려로부터 나온 것이라고 생각한다. 문제가 되는 것은 항상 꿈이 묘사하기에 아주 어려울 수밖에 없는 매우 추상적 성격을 갖는 사고들이다. 정치 신문의 주요 기사를 삽화로 대체해야 하는 과제와 비교해 보라. 그러한 경우에 꿈 작업은 추상적인 사유 텍스트를 —비교, 상징, 우화적 암시를 통해 그 추상적인 사유 텍스트와 가장 좋게는 발생적으로 결합되어 있는, 그리하여 그 추상적인 텍스트 대신 꿈 작업의 재료가 되는— 더 구체적인 텍스트로 대체해야 한다. 추상

이 지점에서 이제 꿈 작업과 정신분열증의 결정적인 차이가 드러난다. 정신분열증에서는 전의식적 사고가 표현된 곳인 단어들 자체가 일차과정의 작업 대상이다. 꿈에서는 단어들이 아니라, 그것들이 소급되는 곳인 사물표상들이 일차과정의 가공 작업 대상이다.[20] 꿈은 지형학적 퇴행을 겪지만 정신분열증은 그렇지 않다. 꿈에서 (전의식적) 단어점령과 (무의식적) 사물점령 사이의 교류는 자유롭다. 정신분열증에서는 그것이 방해받는다는 특징이 있다. 이러한 차이가 있다는 인상은 다름 아닌 우리가 정신분석 임상실천에서 행하는 꿈 해석을 통해 약화된다. 꿈 해석이 꿈 작업의 진행 경과를 검토하고, 잠재적인 사고로부터 꿈의 요소들로 이끄는 길들을 추적하며, [꿈의] 단어의 양의성을 이용한다는 것을 발견해 내고, 상이한 일군의 재료들을 결합해 주는 단어들이 있음을 증명함으로써, 꿈 해석은 한편으로는 우스

적 사고들은 우리가 꿈을 해석할 때 원래의 분석적 해석보다 더 쉽게 추측할 수 있는 소위 우의적 해석을 낳는다. 랑크(O. Rank)의 적절한 언급에 따르면, 분석 치료를 받는 환자들의 치료에 관한 몇몇 꿈은 다양한 의미를 갖고 있는 그러한 [앞서 언급한] 꿈들을 이해하기 위한 가장 좋은 전형이다. ─원주
우의적 해석에 대해서는 『꿈의 해석』에 1919년에 추가된 보충적 언급을 또한 참조 (*SA*, Bd. 2, S. 501~502). ─편집자주
20 「무의식」(1권 195쪽) 참조. ─편집자주

꽝스러운, 다른 한편으로는 정신분열적인 인상을 남기며, 우리로 하여금 다음 사실을 잊게 만든다. 단어들에 대한 모든 작용이 꿈에서는 사물로의 퇴행을 위한 준비 작업이라는 것 말이다.

꿈 과정의 완성은, 퇴행을 통해 변화되고 소망환상으로 변형된 사고 내용이 감각적 지각으로 의식되는 것에 있다. 이때 사고 내용은 두 번째의 가공 작업을 거친다. 그것은 사실 모든 지각 내용이 겪는 일이다. 꿈 소망은 환각으로 경험되며, [우리는] 그것이 실제적으로 실현된다고 환각적으로 믿게 된다. 꿈 형성의 바로 이 마무리 부분에 가장 강력한 불확실성이 존재한다. 이것을 설명하기 위해 우리는 꿈을 그것과 유사한 병리적 상태들과 비교하고자 한다.

소망환상의 형성과 그것의 환각으로의 퇴행은 꿈 작업의 본질적 부분이지만, 그것들이 꿈에만 나타나는 것은 아니다. 그것들은 두 개의 병적 상태, 즉 급성적인 환각적 혼란 상태, (마이네르트가 말하는) 정신박약(Amentia)[21]과, 정신분열증의 환각적 단계에서도 나타난다. 정신박약의 환각적 망상은 오해의 여지 없이 명백

21　이 글의 나중 부분에서도 정신박약이라는 표현이 나오는데, 그것은 본문에서 말하는 상태로 이해할 수 있다. —편집자주

한 소망환상이며, 종종 멋진 백일몽처럼 완전히 잘 정리되어 있다. 일반적으로 사람들은 이를 환각적 소망 정신병(Wunschpsychose)이라고 부르는데, 꿈과 정신박약에서도 이러한 상태가 등장한다고 본다. 다름 아닌 매우 풍부하고 왜곡되지 않은 소망환상만으로 이루어져 있는 꿈들이 있다.[22] 정신분열증의 환각적 단계는 이것들에 비해 잘 연구되어 있지 않다. 그것은 통상적으로 복합적 성격을 갖고 있는 것으로 보이지만, 본질적으로는 리비도점령을 대상표상으로 되돌리려는 새로운 회복 시도에 상응한다고 볼 수 있다.[23] 다양한 병리적 질환들에서의 환각 상태를 여기에서 비교할 수는 없다. 이것들에 대해 나 스스로의 경험이 없으며, 다른 사람들의 경험을 활용할 수도 없기 때문이다.

환각적 소망 정신병 ―꿈이든, 아니면 그 밖의 다른 것에서든― 은 결코 서로 일치할 수 없는 두 개의 과업을 수행한다는 사실을 분명하게 설명해 보자. 그것은 감추어진 또는 억압된 소망들을 의식에로 가져올 뿐만 아니라, 그것이 실현되었다고 완전히 믿으면서 그 소망들을 묘사한다. 이 둘이 동시에 발생하는 것

---

22 『꿈의 해석』, *SA*, Bd. 2, S. 149의 각주. ―편집자주
23 「무의식」에서 우리는 단어표상의 과잉점령이 이러한 최초의 시도라는 것을 알게
　　되었다(1권 202~204쪽). ―편집자주

이 어떻게 가능한지 이해할 필요가 있다. 무의식적 소망들이 의식화된 후에 그것들을 현실적인 것들로 간주해야 한다고 우리는 결코 주장할 수 없다. 왜냐하면 우리의 판단력은 현실을 강렬한 표상 및 소망들과 아주 잘 구분할 수 있는 능력을 갖고 있기 때문이다. 반면 현실(성)에 대한 믿음이 감각을 통한 지각과 결합되어 있다고 우리가 가정하는 것은 정당화될 수 있을 것 같다. 하나의 사고가 퇴행으로 가는 길을 발견해서, 마침내 무의식적인 대상[에 대한] 기억흔적으로 가는 길을 발견하고, 거기에서부터 지각으로 가는 길을 발견했다면, 우리는 그의 지각이 현실적이라고 인정하게 된다.[24] 즉 환각은 현실성에 대한 믿음을 동반한다는 것이다. 그렇다면 '환각이 생겨나기 위한 조건은 무엇인가'라는 질문이 생겨난다. 첫 번째 대답은 퇴행이라는 것이고, 따라서 환각에 관한 질문을 퇴행 메커니즘에 관한 질문으로 대체해야 할 것이다. 꿈의 경우, 우리는 이에 대한 대답을 이미 알고 있다. 전의식적 꿈사고의 사물 기억 이미지로의 퇴행은 명백히, 무의식적 충동 대리들 ─예를 들면 억압된 경험 기억들─ 이 단어로 파악

---

[24] 이러한 지적은 브로이어로부터 유래한다. 『히스테리 연구』(1895d)에 실린 '그의 이론적 작업'이라는 절의 각주를 참조하라(문고판, S. 152). ─편집자주

된 사고들에 대해 행하는 끌어당김(Anziehung)의 결과이다.[25] 다만 우리는 잘못된 길로 접어들었음을 곧 깨닫게 된다. 환각의 비밀이 퇴행 이외에 아무것도 없다면, 각각의 충분히 강렬한 퇴행은 현실성에 대한 믿음을 동반한 환각을 발생시킬 것이라고 생각해야 한다. 그러나 퇴행적인 반추가 매우 명백한 시각적 기억 이미지를 기억에 불러일으키지만 우리가 그것을 한순간도 실제적 지각으로 간주하지는 않는 경우들을 [우리는] 아주 잘 알고 있다. 그리고 꿈 작업이 그러한 기억 이미지들까지 뚫고 들어가, 지금까지 무의식적이었던 기억 이미지들을 의식적인 것으로 만들며, 우리가 동경하지만 결코 실제적으로 실현되었다고 인정할 수 없는 소망환상들이 정말로 눈앞에 [실현되어] 놓여 있는 것처럼 만들어 준다고 우리는 또한 생각할 수 있다. 따라서 환각은 그 자체로 무의식적인 기억 이미지들의 퇴행적 활성화 이상의 것임에 틀림없다.

지각과 아주 강하게 기억된 표상을 구분하는 것은 실용적 의미가 매우 크다는 점을 우리는 염두에 둘 필요가 있다. 외부세계, 현실에 대한 우리의 관계 전체는 이러한 능력에 달려 있다.

---

[25] 『꿈의 해석』, *SA*, Bd. 2, S. 519 이하. —편집자주

우리는 이러한 능력을 항상 소유하고 있지는 않았으며, 우리가 만족을 주는 대상에 대한 욕구를 느꼈을 때, 심리적 삶의 초기에는 만족을 주는 그러한 대상이 실제로 눈앞에 있다는 환각을 갖고 있었다는 가정을 세운 바 있다.[26] 그러나 그러한 경우에 [실제적인] 만족은 존재하지 않는다. [만족의] 실패는 우리로 하여금 하나의 장치를 만들게 하는 동인이 된다. 그리하여 우리는 그 장치의 도움에 힘입어 [환각적인] 소망 [실현의] 지각을 실제적 실현과 구분할 수 있으며, 그러한 환각적인 소망 [실현의] 지각을 회피할 수 있게 된다. 달리 말하면, 우리는 매우 이른 시기에 환각적인 소망 만족을 포기했고, 일종의 현실 검사 방법을 수립했다.[27] 이제 '현실 검사는 어떻게 이루어지는 것이며, 꿈과 정신박약 등의 환각적 소망 정신병이 현실 검사를 어떻게 포기하게 만들고 만족의 옛 방식을 다시 만들어 낼 수 있는가'라는 질문이 제기된다.

이제 우리의 심리 체계 중 세 번째의 것, 즉 우리가 지금까지 전의식과 철저하게 구분하지 않았던 의식 체계를 더 자세히 규정하고자 시도한다면, 이에 대한 대답이 주어질 수 있다. 우리는

---

26 『꿈의 해석』, 7장 C절 참조(SA, Bd. 2, S. 538~539). —편집자주
27 이 글의 편집자 서론 참조(이 책의 10~12쪽). —편집자주

이미 『꿈의 해석』[28]에서 의식적 지각을 어떤 특수한 체계의 업적이라고 주장하기로 결심해야만 했으며, 이 의식 체계가 독특한 속성들을 소유하게 되며, 충분한 근거를 가지고 그 밖의 다른 성격들도 보유하게 된다고 말했다. 우리는 거기에서 W라고 부른 이 체계가 의식(Bw) 체계 ―의식화는 통상적으로 이 의식 체계의 작업에 의존한다― 와 일치한다고 간주한다. 그러나 의식화된다는 사실이 그 체계에 속한다는 것과 완전히 일치하지는 않는다. 왜냐하면 의식 또는 지각 체계 속의 어떤 심리적 장소에 속한다고 우리가 인정하기가 불가능한 감각적 기억 이미지들도 인식될 수 있음을 우리는 경험하기 때문이다(이 책의 57쪽 참조).

다만 우리가 의식 체계 그 자체를 우리의 관심의 중심으로 삼을 때까지는 이러한 어려운 문제에 대해 논의하는 것을 다시 연기할 수밖에 없을 것이다.[29] 현재의 맥락에서 우리는 다음과 같이 가정할 수 있을 것이다. 환각은 의식(지각) 체계가 점령될 때 생겨나는데, 이때 이 점령은 보통의 경우처럼 외부가 아니라 내부에서 발생하며, 다음 조건을 충족시켜야 한다. 즉 퇴행이 체계

---

28 『꿈의 해석』 7장 B절(*SA*, Bd. 2, S. 510 이하). ―편집자주
29 아마도 이것 역시 의식에 관한 사라진 글을 가리키는 것 같다. ―편집자주

자체에 도달하고 현실 검사를 넘어설 수 있을 만큼 광범위하게 진행되어야 한다.[30]

우리는 이전에 다른 맥락(「충동들과 충동의 운명들」)에서 아직 무력한 유기체도 자신의 지각의 도움으로 세계 속에서 최초의 방향성을 잡아 가는 능력을 갖고 있다고 말한 바 있다. 근육행동과 맺는 관계에 근거해 "외부"와 "내부"를 구분함으로써 말이다. 하나의 행동을 통해 사라지게 되는 지각은 외적인 것, 현실로 인식된다. 그러한 행동이 아무것도 변화시키지 않은 곳에서 지각은 자신의 육체 내부로부터 나온다. 그 지각은 현실적이지 않다. 개인이 그러한 현실 표지(Kennzeichen)[31] —동시에 현실에 대항할 수 있도록 도와주는 현실 표지— 를 소유하고 있다는 것은 가치 있는 일이다. 개인은 종종 무자비한 자신의 충동의 요구들에 대항할 수 있는 유사한 힘을 갖기를 기꺼이 원한다. 따라서 그는 내적으로 그에게 고통을 주는 것을 외부로 옮기기 위해, 투사하기 위해 많은 노력을 투여한다.[32]

---

30 환각에 대한 설명 시도는 긍정적 환각이 아니라 부정적 환각에 대해서 먼저 행해져야 한다는 점을 보충적으로 덧붙이고자 한다. —원주

31 '현실 표지'에 대해서는 『[심리학] 초안』(1950a/1895) 1부 '인식과 재생적 사고'라는 제목이 붙은 절을 참조. —편집자주

32 '외부'와 '내부'에 대한 추가적인 설명은 후기 저작인 「부정」(이 책의 130쪽 이하), 그리

심리장치에 대한 상세한 분석적 논의를 마쳤으므로 우리는 이제, 내부와 외부의 구별을 통해 세계 속에서 방향성을 잡는 작업은 오직 의식(지각) 체계만이 행하는 작업이라고 간주해야 한다. 지각은 신경감응(Innervation)을 행할 수 있는 능력을 소유하고 있으며, 이를 통해 지각을 사라지게 만들 것인가, 아니면 그것에 저항할 것인가가 확정된다. 현실 검사란 이러한 장치일 뿐이다.[33] 이에 대해 우리는 상세히 이야기할 수 없다. 의식 체계의 본성과 작업방식에 대해 알려진 것이 너무 적기 때문이다. 우리는 자아의 위대한 활동(Institutionen) 중 하나로 현실 검사를, 우리가 잘 알고 있는 (심리 체계들 사이에 있는) 검열 옆에 자리매김하며, 나르시시즘적 질병에 대한 분석이 다른 활동들을 발견하는 데 도움을 줄 수 있기를 기대한다.

반면 우리는 이미 병리학을 통해 현실 검사가 어떤 방식으로 제거되거나 무력화될 수 있는지 경험한다. 더욱이 우리는 꿈에서보다 소망 정신병, 정신박약에서 그것에 대해 더 명확하게 알

고 「문화 속의 불편함」(*SA*, Bd. 9, S. 198~200)을 참조. ―편집자주

33 현실적 당면성(Aktualität) 검사와 현실 검사의 차이에 대해서는 후에 다른 곳에서 논의할 것이다. ―원주

그러나 현실적 당면성에 대한 추가적인 언급은 어디에서도 발견되지 않는다. 따라서 본문은 다시 한번 사라진 저작을 가리키는 것 같다. ―편집자주

수 있다. 정신박약은 현실적으로 받아들여야 하지만 자아가 견딜 수 없다고 느끼기 때문에 부인해야만 하는 상실에 대한 반응이다. 그리하여 자아는 현실과의 관계를 단절한다. 그것은 의식, 지각 체계로부터 점령을, 또는 더 정확히 말하면 하나의 점령—여기에서 이러한 점령의 특수한 본성이 무엇인지는 또 다른 연구의 대상이 될 수 있다— 을 철회한다. 이렇듯 현실로부터 물러남으로써 현실 검사는 제거되며, (억압되지 않은, 전적으로 의식적인) 소망환상이 체계 속으로 뚫고 들어올 수 있고, 거기에서 더 나은 현실로 받아들여진다. 이러한 철회가 억압 과정들에 덧붙여진다. 정신박약은 자아가, 자아 자신의 기관 중 하나 —아마도 자아에게 가장 충성스럽게 봉사했고, 그것과 가장 밀접하게 결합되어 있었던— 와 불화한다는 것에 대한 가장 흥미로운 연극을 보여 준다.[34]

정신박약에서 "억압"이 수행하는 것을 꿈에서는 자유로운 포기를 통해 달성한다. 수면 상태는 외부세계에 대해 아무것도 알

---

[34] 우리는 여기에서 중독성 환각, 예를 들면 알코올성 망상도 유사한 방식으로 이해할 수 있다고 과감하게 추측해 볼 수 있다. 알코올성 망상의 경우 상실에 의해 부과된 견딜 수 없는 상실이란 다름 아닌 알코올의 상실일 것이며, 알코올을 주면 환각도 사라진다. —원주

기를 원하지 않으며, 현실에 관심을 갖지 않거나, 수면 상태를 떠나기, 즉 잠에서 깨는 것과 관련해서만 현실에 관심을 갖는다. 수면 상태는 의식 체계의 점령뿐만 아니라 다른 체계들, 즉 전의식과 무의식 체계의 점령을 철회한다. 이 체계들 속에 존재하는 위치들(Positionen)이 잠을 자려는 소망에 복종한다면 말이다. 이렇듯 의식 체계가 점령되지 않기 때문에 현실 검사의 가능성은 포기된다. 그리고 수면 상태와 무관하게 퇴행의 길을 걸어간 자극들이 자유롭게 의식 체계에 도달하는 길을 발견할 것이며, 그리하여 이 의식 체계 속에서 자극들은 의심의 여지 없는 현실로 간주된다.[35] 조발성 치매의 환각적 정신병에 대해서 우리는 지금까지의 고찰을 통해 다음과 같이 추론할 수 있을 것이다. 즉 그 환각적 정신병은 병의 초기 증상에 속할 수 없다는 것이다. 그것은 환자의 자아가 분해되어, 현실 검사가 더 이상 환각을 제

---

[35] 여기에서 점령되지 않는 체계는 자극될 수 없다는 원칙이 의식(지각)에 대해서는 적용되지 않는 것으로 나타난다. 그러나 이는(본문에서 언급한 것은) 점령의 부분적 철회에 해당하는 경우이다. 그러므로 지각 체계에 대해서 우리는 다른 체계들이 자극될 수 있는 조건들과는 아주 다른 자극을 위한 조건들을 가정해야만 할 것이다. 이러한 메타심리학적 설명들이 불확실한 모색적 성격을 갖고 있다는 사실을 은폐하거나 미화해서는 안 될 것이다. 더 심층적으로 탐구해야만 어느 정도 개연성이 있는 설명이 가능해질 것이다. ─원주

지하지 못할 때 비로소 등장할 수 있다.

꿈 과정의 심리학과 관련해 우리는 꿈의 모든 본질적인 성격은 수면 상태의 조건에 의해 결정된다는 결과를 얻었다. 꿈은 잠자는 자의 영혼의 활동이라고 말한 바 있는 옛 아리스토텔레스는 모든 점에서 옳았다. 우리는 이렇게 말할 수 있었다. 꿈은 영혼의 활동의 잔재로서, 그것은 나르시시즘적 수면 상태가 완전하게 관철되지 못했기 때문에 생겨나는 것이다.[36] 이 말은 심리학자들이나 철학자들이 옛날부터 해 오던 말과 그리 달라 보이지 않는다. 하지만 그것은 심리장치의 구조와 작업에 관한 완전히 다른 견해에 근거하고 있다. 과거의 견해에 대해 우리의 이러한 견해는 꿈의 모든 세부사항을 우리에게 상세하게 이해시킬 수 있었다는 장점을 갖고 있다.

끝으로 억압 과정의 지형학이 심리장애의 메커니즘에 대한 우리의 통찰력에 어떤 의미를 던져 주는지를 잠시 언급해 보자. 꿈에서 점령(리비도, 관심)의 철회는 모든 체계에서 일어난다. 전이신경증에서는 전의식적 점령이 철회되고, 정신분열증에서는 무의식의 점령이, 정신박약에서는 의식의 점령이 철회된다.

---

36 『꿈의 해석』 앞부분에서 인용(*SA*, Bd. 2, S. 30). —편집자주

애 도 와 멜 랑 콜 리

(1917/1915)

  우리는 어니스트 존스(1962a, S. 388 이하)로부터 프로이트가 1914년 1월에 이 글 「애도와 멜랑콜리」의 주제에 대해 그에게 설명했으며, 같은 해 12월 30일, 빈 정신분석학회에서 그것에 대해 발표했음을 알고 있다. 그는 이 글의 초안을 1915년 2월에 작성했으며, 그것을 아브라함에게 보냈고, 그는 그것에 대해 길게 논평하는 답신을 보냈다. 그중에서 멜랑콜리와, 리비도 발달의 구순적 단계가 연결되어 있다는 중요한 지적을 발견할 수 있다 (1915년 3월 31일 자 아브라함의 편지와 5월 4일 자 프로이트의 답신을 참조. 이 두 편지는 프로이트, 1965a, S. 206 이하, 211~212에 있다). 이 논문의 최종 판본은 1915년 5월 4일에 완성되었다. 그러나 그 이전에 쓰인 글 —「꿈 이론에 대한 메타심리학적 보충」(1917d/1915)— 과 마찬가지로 2년 후에 출간되었다.

하지만 그보다 이미 오래전에(추측건대 1895년 1월) 프로이트는 멜랑콜리를 설명하기 위한 상세한 시도의 편지, 하지만 순수하게 생리학적 용어로 쓴 편지(1950a, 원고 G)를 플리스에게 보낸 적이 있다(프로이트는 멜랑콜리로써 오늘날 우리가 우울적 상태라고 부르는 것을 의미했다).

이 시도는 그다지 성과가 있지는 않았지만 오래지 않아 멜랑콜리에 대한 심리학적 설명으로 대체되었다. 2년이 채 지나지 않아 우리는 마찬가지로 플리스에게 보낸 원고 —'메모 III'이라는 제목이 붙은 원고— 에서 프로이트에게서 가장 주목할 만한 예 중 하나를 만난다. 1897년 5월 31일 자로 날짜가 적힌 이 원고는 또한 오이디푸스 콤플렉스에 대한 최초의 암시적인 언급을 포함하고 있다(1950a, 원고 N). 내용적으로 매우 압축적이어서 부분적으로 모호하게 남아 있는 관련 구절은 전부 인용할 가치가 있다.

부모에 대한 적대적인 [충동]자극들 —부모가 죽기를 원하는 소망— 은 마찬가지로 신경증의 본질적 부분이다. 그것은 강박적 표상으로 의식에 떠오른다. 망상증(Paranoia)의 경우, (지배자와 군주에 대한 병리적인) 박해망상에서 가장 나쁜 것이 그것에 상응한다. 이러한 [충동]자극들은 부모, 그리고 그들의 병과 죽음에 대한 동정심이 자극되면 때때로 억압된다. 따라서 그것은 그들의 죽음에 대해 자기비난을 가하는 애도의 표현(소위 멜랑콜리)이거나 또는 부모가 갖고 있던 동일한 상태 —질병— 로써 자신을 히스테리적으로 처벌하려는(인과응보) 애도의 표현이다. 이때 발생하는 동일화는 하나의 사고방식에 다름 아니며, 따라서 동기를 추적하는 것이 무용하지 않다(Freud, 1950a, S. 221).

프로이트는 이 구절에서 개관된 사고 과정들을 멜랑콜리에 적용하면서 계속 추적하기를 전적으로 그만둔 것처럼 보인다. 빈 정신분석학회에서 자살에 관해 논의한 틀 속에서의 몇 안 되는 언급(1910g)을 제외한다면, 실제로 그는 「애도와 멜랑콜리」에 이르기까지 그 [원고 N에서 언급한 심리] 상태에 대해서는 거의 언급하지 않는다. 이 학회에서 프로이트는 멜랑콜리와 정상적인 애도를 비교하는 것이 중요하다는 것을 강조했고, 그 속에 포함된 심리적 문제를 아직 해결할 수 없다고 말한 바 있다.

프로이트가 이 주제를 다시 붙잡을 수 있었던 것은 물론 나르시시즘과 자아이상 개념을 도입했기 때문이다. 그러한 한에서 「애도와 멜랑콜리」는 프로이트가 1년 전 작성한 나르시시즘 논문의 확장으로 간주될 수 있다. 프로이트는 나르시시즘에 관한 글에서 망상증 사례에서의 '비판적 심급'의 작용에 대해 기술했으며(2권 55쪽 이하), 「애도와 멜랑콜리」에서는 이 심급이 멜랑콜리에서도 작용하고 있는 것으로 보았다. 그러나 이 글의 중요성은 그것이 즉시 파악되지 않는다고 할지라도 개별적인 병리적 상태에 대한 묘사를 넘어선다. 여기에 포함된 재료들은 『집단심리학과 자아분석』(1921c) 9장에 등장하는(SA, Bd. 9, S. 120 이하) '비판적 심급'에 대한 계속적인 고찰로 [우리를] 이끌어 가며, 이는 다시 「자아와 이드」(1923b)에서의 초자아에 대한 가설과 죄책감에 대한 재평가로 넘어간다.

다른 차원에서 「애도와 멜랑콜리」는 동일화의 본질을 검토할 것을 요구한다. 프로이트는 동일화를 리비도 발달의 구순적 또는 식인적 단계와 연결되는 것으로, 심지어 그것에 의존하는 것으로 보려는 경향을 우선 갖고 있었던 것 같다. 그는 『토템과 터부』(1912~1913)에서 원초적 아버지에 대한 아들들의 관계에 관해 다음과 같이 기술했다(*SA*, Bd. 9, S. 426). "이제 그들은 먹어 치우는 행위 속에서 그와의 동일화를 관철시킨다." 마찬가지로 그는 『성욕에 관한 세 편의 논문』 3판 ―1915년에 출간되었지만 「애도와 멜랑콜리」보다 몇 개월 앞서 이미 작성된― 에서 구순적-식인적 단계를 "후에 **동일화로서** 그렇게 중요한 심리적 역할을 하게 될 것의 전형"이라고 지칭한다(*SA*, Bd. 5, S. 103). 「애도와 멜랑콜리」에서 프로이트는 동일화를 '대상 선택의 전 단계', 즉 '자아가 대상을 존경하는 최초의 방법'이라고 부르며, 다음과 같이 말한다. "그것은 이 대상을 합병하기(einverleiben)를 원한다. 그것도 리비도 발달의 구순적 또는 식인적 단계에 상응해 먹어 치우기라는 방식으로 말이다."[37]

아브라함이 멜랑콜리에 대한 구순적 단계의 의미에 대해 지적하고 싶어 했을 때, 프로이트는 이미 그 준비가 되어 있었다. 1914년 가을이 진행될 때 쓰인 ―그리고 구순적 단계가 중요한 역할을 하는― 「늑대인간 사례」(1918b)에서의 이에 상응하는 고

---

[37] 프로이트가 최초의 메타심리학적 작업들의 다른 맥락에서 '내사(Introjection)'라는 용어를 이미 사용했음에도 불구하고 그 용어는 「애도와 멜랑콜리」에 등장하지 않는다. 위에서 언급한 『집단심리학과 자아분석』의 그 장에서 동일화라는 주제로 되돌아왔을 때, 그는 '내사'라는 용어를 여러 번 사용했다. 그리고 그것은 그다지 자주는 아닐지라도 이후의 저작에서도 등장한다. ―편집자주

찰들이 증언하듯이(*SA*, Bd. 8, S. 217~218), 프로이트의 관심사는 이미 이전부터 이 방향으로 향하고 있었다. 1년 후 『집단심리학과 자아분석』에서는 「애도와 멜랑콜리」의 연속선상에서 명시적으로 동일화 주제가 다시 다루어진다. 그러는 사이 프로이트의 견해는 변화했는데, 아마도 [그 저작에서] 잘 설명되었다고도 할 수 있다. 거기에는 다음과 같이 쓰여 있다. 동일화는 대상점령에 선행하는, 대상점령과 구분되는 과정이다. 비록 프로이트가 다시 "그것은 최초의 구순적 단계의 파생물인 것처럼 행동한다"고 말하고 있지만 말이다. 동일화에 대한 이러한 견해는 프로이트의 많은 후기 저작에서 항상 다시 강조된다. 예를 들면 「자아와 이드」 3장에서 프로이트는 부모와의 동일화는 "우선적으로 대상점령의 결과나 귀결이 아닌 것처럼 보인다. 그것은 직접적이고 즉각적인 것이며, 모든 대상점령보다 시기적으로 앞선다"고 말한다.

프로이트 자신이 명백히 이 글의 가장 중요한 인식으로 간주한 것은 멜랑콜리에서 대상점령이 어떻게 동일화로 대체되는가 하는 과정에 대한 서술이다. 「자아와 이드」 3장에서 프로이트는 이러한 과정은 멜랑콜리에 국한되지 않고 오히려 보편적인 것이라고 서술한다. 프로이트는 더 나아가 그러한 퇴행적 동일화가 우리가 사람의 '성격'이라고 부르는 것의 근거라고 말한다. 그러나 그가 지시하듯이, 훨씬 더 중요한 것은 이러한 퇴행적 동일화 중 가장 초기의 것들 —오이디푸스 콤플렉스의 해소로부터 유래하는 가장 초기의 것들— 이 초자아의 핵을 형성함으로써 심리적 삶에서 아주 특별한 위치를 차지한다는 것이다.

애도와 멜랑콜리

꿈이 나르시시즘적 심리장애의 정상적인 전형임을 알게 되었으므로 이제 우리는 정상적인 정동인 애도(Trauer)와 비교함으로써 멜랑콜리의 본질을 밝히고자 시도할 것이다. 그러나 이때 우리는 [논의의] 결과를 과대평가해서는 안 된다고 경고할 수밖에 없다는 점을 미리 고백해야 한다. 멜랑콜리에 대한 기술적(記述的) 정신의학의 개념 규정도 동요하고 있는데, 이러한 멜랑콜리는 상이한 임상적 형태들로 등장하며, 따라서 그것들 ―이것들 중 몇몇은 심인성이 아니라 육체적 질병이다― 을 하나의 통일체로 확고하게 요약하기는 어려워 보인다. 우리는 모든 관찰자가 확인할 수 있는 몇 가지 인상을 도외시한다면 그 본성이 심인성임을 의심할 수 없는 소수의 사례들만을 재료 삼아 논의하려고 한다. 이렇듯 우리는 우리의 결과들이 보편적인 타당성을 가질 수 있다는 요구를 처음부터 버리고, 뻔한 것이 아닌 것은 우리가 우리의 연구수단으로는 거의 발견할 수 없다고 생각함으로써(모든 종류의 질병[멜랑콜리]이 아니라 더 작은 크기의 질병[멜랑콜리] 집단에 대해서조차도) 스스로를 위로하고자 한다.

멜랑콜리와 애도라는 두 상태의 전체 모습은 이것들을 하나로 묶어 서술하는 것을 정당화해 주는 듯하다.[38] 또한 이 두 상태를 발생시키는 삶의 영향들도, 우리가 그것들을 명확히 파악할 수 있는 한 동일하다. 일반적으로 애도는 사랑하는 사람의 상실[에 대한 반응] 또는 사람 대신에 그 자리를 차지한 추상적인 것, 예를 들면 조국, 자유, 이상 등의 상실에 대한 반응이다. 많은 사람에게서는 이러한 영향들을 받았을 때 애도 대신에 멜랑콜리가 나타난다. 그러한 이유로 우리는 이런 사람들이 병적 성향

---

[38] 이 주제에 대한 몇 안 되는 분석적 연구 중 가장 중요한 연구를 우리가 빚지고 있는 아브라함도 이러한 비교로부터 출발했다(1912). —원주
프로이트는 이미 1910년에, 그리고 더 이른 시기에 이러한 연결점을 발견했다(편집자 서론, 이 책의 41~44쪽 참조). —편집자주

(Disposition)을 갖고 있다고 의심하는 것이다. 애도(슬픔)가 정상적인 삶의 상황으로부터의 심각한 이탈을 동반한다고 할지라도, 그것을 병적 상태로 간주해 치료를 위해 의사에게 보낸다는 생각을 우리는 전혀 하지 않는다는 사실도 매우 주목할 만하다. 우리는 일정 시간이 지나면 그것이 극복될 것이라고 믿으며, 그것을 방해하는 것은 쓸모없고 심지어 해롭다고 믿는다.

멜랑콜리는 깊은 고통의 정서, 외부세계에 대한 관심의 소멸, 사랑 능력의 상실, 일하는 데 심리적 어려움을 느낌(Hemmung zur Leistung), 자존감의 저하 —이는 자기비하와 자기비난 속에서 표현되며 망상적 처벌 기대로까지 고조된다— 라는 심리적 특징을 갖고 있다. 애도가 단 한 가지를 제외한다면 멜랑콜리와 동일한 특징을 보인다는 점을 생각하면, 우리는 [멜랑콜리의] 이러한 모습을 이해할 수 있다. 자존감의 추락이 애도에서는 나타나지 않는다. 그러나 그 밖의 것은 동일하다. 사랑하는 사람의 상실에 대한 반응인 심각한 애도는 동일한 고통스러운 정서, 외부세계에 대한 관심의 상실(외부세계가 사별한 사람을 생각나게 하지 않는다면), 새로운 사랑 대상을 선택할 수 있는 능력 —이는 애도 대상이 되는 사람을 대체한다는 것을 의미한다— 의 상실, 사별한 사람을 회상케 하는 것이 아닌 모든 일로부터의 회피를 포함하고 있다.

자아의 이러한 억제와 제한은 오로지 애도에 몰두하고 있으며, 따라서 다른 의도나 관심사들은 아무것도 남아 있지 않다는 사실의 표현이라는 것을 우리는 쉽게 파악할 수 있다. 우리가 이러한 행동을 아주 잘 설명할 수 있다는 이유만으로 그것은 병적이지 않다고 우리는 생각한다.

우리는 애도의 정서를 '고통스러운 것'이라고 부름으로써 [애도와 멜랑콜리의] 비교를 바람직한 것으로 간주한다. 우리가 고통을 경제적으로 특징지을 수 있다면, 그러한 비교는 아마도 명확하게 정당화될 것이다.[39]

그렇다면 애도 작업이 하는 일은 무엇인가? 이에 대해 다음 방식으로 서술하는 것이 무리는 아니라고 나는 믿는다. 현실 검사는 사랑 대상이 더 이상 존재하지 않는다는 것을 보여 주며, 따라서 이제 모든 리비도를 이 대상과의 결합으로부터 철회해야 한다고 요구한다. 그러나 이에 대한 반항이 생겨나는데, 우리는 이러한 반항을 이해할 수 있다. 사람은 자신의 리비도적 위치를 기꺼이 떠나려 하지 않으며, 심지어 대체 대상이 그에게 신호를 보내도 그러하다는 것을 일반적으로 관찰할 수 있다. 이러한 반

---

[39] 「억압」 참조(1권 103쪽 각주 58). ─편집자주

항은, 현실로부터 물러나고, 환각적 소망 정신병을 통해 대상에 집착하는 일이 생겨날 정도로 강력할 수 있다. 현실 존중이 승리를 거두게 되는 것이 정상이다. 그러나 현실의 명령이 즉시 수행될 수 있는 것은 아니다. 그것은 시간과 점령 에너지를 많이 소모한 후에 하나씩 실행되며, 그동안 상실한 대상은 심리적으로 지속적으로 존재한다. 모든 각 기억과 기대 —이때는 리비도가 대상과 결합해 있었다— 가 등장하고 과잉점령되며, 거기[각 기억과 기대]에서 리비도 해소가 수행된다.[40] 왜 현실의 명령을 개별적으로 수행하는 타협 행위가 그렇게 고통스러운지 경제적 근거를 제시하기는 결코 쉽지 않다. 이러한 고통-불쾌가 우리에게 당연한 것처럼 보인다는 점은 주목할 만하다. 그러나 실제로 애도 작업을 마친 후 자아는 다시 자유로워지고 억제로부터 벗어난다.[41]

이제 우리가 애도로부터 배운 것을 멜랑콜리에 적용해 보자. 일련의 사례들을 살펴보면 멜랑콜리도 사랑하는 대상의 상실에

---

40 이러한 생각은 이미 『히스테리 연구』(1895d)에 포함되어 있는 것 같다. 본문에서 서술한 과정과 유사한 과정이 「R. 엘리자베트 양 사례」의 '소견'의 도입부에서 기술된다. —편집자주
41 이 과정의 경제적 측면들은 이 책의 72~75쪽에서 설명된다. —편집자주

대한 반응일 수 있다는 것은 분명하다. 다른 경우들을 통해 우리는 상실이 관념적 속성을 가질 수 있음을 알 수 있다. 대상이, 말하자면 실제로 죽지는 않았지만, 사랑 대상으로 상실되었을 수 있다(예를 들면 약혼자가 떠난 경우). 또 다른 경우에 우리는 상실이 실제로 발생했다고 가정해야 한다고 굳게 믿지만, 무엇이 상실되었는지 명확히 알지 못한다. 따라서 우리는 차라리 환자 자신도 자신이 무엇을 상실했는지 알지 못한다고 가정할 수밖에 없다. 멜랑콜리를 야기하는 상실이 무엇인지 환자가 알고 있을 때에도 그러한 경우가 생겨날 수 있다. 환자는 자신이 누구를 상실했는지 알고 있지만, 그 사람에게서 무엇을 상실했는지 알지 못한다는 것이다. 그렇다면 다음 사실이 우리에게 분명해질 것 같다. 멜랑콜리는 어떻게든 의식으로부터 벗어난 대상 상실과 관련되어 있는데, 이것이 상실에 대해 무의식적인 것이 아무것도 없는 애도와 다른 점이다.

우리는 애도에서 등장하는 억제와 무관심이 자아를 사로잡는 애도 작업을 통해 남김없이 설명된다는 것을 발견했다. 알려지지 않은 상실도 멜랑콜리에서 유사한 결과를 낳으며, 따라서 그것은 멜랑콜리에 책임이 있다. 다만 멜랑콜리적 억제는 우리에게 수수께끼 같은 인상을 남기는데, 이는 우리가 환자를 그토록 완전히 사로잡는 것이 무엇인지 알 수 없기 때문이다. 멜랑콜리 환자는 애도에서는 나타나지 않는 한 가지, 즉 자아감정의 극단적 저하, 엄청난 자아빈곤화를 우리에게 더 보여 준다. 애도에서는 세상이 빈곤하고 공허하게 되었지만, 멜랑콜리에서는 자아 그 자체가 그렇게 된다. 환자는 자신의 자아가 가치가 없고 무능력하며 도덕적으로 비난받아 마땅하다고 우리에게 묘사한다. 그는 자신을 비난하고 모욕하며 배척과 처벌을 기대한다. 그는 다른 모든 사람 앞에서 자신을 비하하고, 가족들 각자에게 그가 자신과 같은 무가치한 사람과 엮여 있다는 것을 안타깝게 생각한다고 말한다. 그는 자신에게 변화가 일어났다고는 전혀 판단하지 않으며, 자기비난을 자신의 과거로 확장한다. 그는 한 번도 더 나은 사람이었던 적이 없다고 주장한다. 이러한 —주로 도덕적인— 열등망상의 이미지는 불면증, 거식증, 그리고 심리학적으로 매우 주목할 만한 충동 —모든 생명체를 삶에 정박시키려는 충동— 의 극복을 통해 완성된다.

자신의 자아에 대해 그러한 비난을 가하는 환자를 논박하는 것은 학문적으로도 그리고 치료적으로도 아무 소용이 없을 것이다. 그는 어쨌든 옳은 말을 하고 있음에 틀림없을 것이기 때문이며, 자신이 생각하는 바를 그대로 묘사하고 있기 때문이다. 그렇다. 우리는 그의 말 중 몇몇을 즉시 제한 없이 수긍해야 한다. 그는 실제로 그 자신이 말하듯이 아무런 관심사가 없고 사랑과 일에 대해 무능력하다. 그러나 우리가 알고 있듯이 그것은 부차적인 문제이며, 우리가 알지 못하는 내적 작업의, 즉 애도와 비교할 수 있는, 자아를 소진시키는 작업의 결과이다. 몇몇 다른 자기비난을 행할 때에도 그는 마찬가지로 옳은 것처럼 보이며, 멜랑콜리적이지 않은 사람들보다 더 날카롭게 진실을 파악하고 있는 것 같다. 그가 고조된 자기비난 속에서 자신의 존재의 약점을 숨기려고 애쓰는 초라하고 이기적이며 정직하지 못하고 독립적이지 않은 사람으로 자신을 묘사할 때, 그는 자기인식에 관한 우리의 지식에 아주 근접했다고 할 수 있을 것이다. 그리고 우리는 왜 사람들이 그러한 진실에 접근하기 위해 병들어야 하는지 자문할 수 있을 뿐이다. 왜냐하면 그러한 자기평가 —[예를 들면] 햄릿 왕자가 자신과 타인들에 대해 이미 갖고 있는 평가[42]— 를 발견하고, 그것을 타인들 앞에서 표현하는 사람은, 그가 진실을 말하든 또는 그렇지 않든, 병든 사람이라는 것에 의심의 여지가 없

---

42 "모든 사람을 버린 후 그를 이용하라. 그렇다면 누가 채찍질을 모면할 수 있을까?"(『햄릿』 2막 2장) —원주

     프로이트 전집 · 4

기 때문이다. 그리고 우리의 판단에 따르면, 자기비하의 정도와 그것을 실제로 정당화할 수 있는지의 문제 사이에 상응성이 존재하지 않는다[커다란 간극이 있다]는 것도 주목할 만하다. 과거에는 예의 바르고 유능하며 의무감 있던 어떤 여성이 멜랑콜리에 걸리고 난 후에는 실제로 아무 쓸모 없는 여자들이 자신에 대해 하는 말보다 더 나을 것이 없는 말을 자신에 대해서 한다. 실제로 전자의 여성이 우리가 [실제로도] 좋게 말할 수 없는 후자의 여성보다 멜랑콜리에 걸릴 가능성이 더 크다. 끝으로 멜랑콜리 환자는 통상적인 상황에서 후회와 자기비난으로 고통받는 사람들과 완전히 똑같이 행동하지 않는다는 사실이 눈에 띈다. 멜랑콜리에서는 특히 타인들 앞에서의 수치감 —수치감은 후자의 상황의 특징이다— 이 없거나, 적어도 뚜렷하게 부각되지 않는다. 멜랑콜리 환자는 수치감을 모르고 자신에 대해 말한다는 반대의 특징을 갖고 있으며, 이를 통해 자기 자신을 드러냄으로써 만족에 도달한다고 말할 수 있을 것이다.

따라서 멜랑콜리 환자의 고통스러운 자기비하가 타인의 판단에 비추어 볼 때 '옳은 것인가 그렇지 않은 것인가'라고 우리가 질문하는 것은 올바른 질문이 아니다. 중요한 것은 그가 자신의 심리적 상황을 올바르게 기술하고 있다는 점이다. 그는 자기존

중감을 상실했으며, 그렇게 할 만한 충분한 이유를 갖고 있다. 그러므로 우리는 해결하기 어려운 수수께끼를 던져 주는 다음의 모순 앞에 서 있다. 우리는 애도와 비교한 후 그는 대상 상실을 겪었다고 결론지어야 했다. 그러나 그가 하는 말을 들어 보면 그가 상실한 것은 그의 자아이다.

이러한 모순에 대해 논의하기 전에, 멜랑콜리 환자의 병이 인간 자아의 구조에 대해 알려 주는 바에 대해 잠시 살펴보자. 우리는 그에게서 자아의 한 부분이 다른 부분에 대립되고 그것을 비판적으로 평가하며 그것을 말하자면 하나의 대상으로 간주한다는 것을 알 수 있다. 여기에서 '자아로부터 분열된 비판적 심급이 다른 상황에서도 자신의 독립성을 관철시킬 수 있는가'라는 우리의 질문은 계속적인 관찰을 통해서 확증될 수 있을 것이다. 실제로 우리는 이 심급을 자아의 나머지 부분으로부터 분리시킬 수 있는 근거를 갖고 있다. 여기에서 우리가 배운 것은 일반적으로 양심이라고 불리는 심급이다. 우리는 의식의 검열 및 현실 검사와 함께 그것을 거대한 자아 활동들(Ichinstitutionen)에 속하는 것으로 간주할 것이며,[43] 그것이 병들 수 있다는 증거를

---

43 「꿈 이론에 대한 메타심리학적 보충」(이 책의 34쪽 이하). —편집자주

어디에선가 또한 발견하게 될 것이다. 멜랑콜리의 임상적 모습의 특징은 자신의 자아에 대한 도덕적 불쾌감을 다른 모습들보다 더 부각시킨다는 것이다. 육체적 결함, 추함, 약함, 사회적 열등감이 환자의 자기평가의 대상이 되는 경우는 훨씬 더 드물다. 단지 [자아의] 빈곤화만이 환자가 두려워하는 것, 주장하는 것 중에서 가장 선호하는 장소[대상]이라는 것이다.

어렵지 않게 획득할 수 있는 관찰을 통해 앞서 언급한 바 있는 모순에 대해 설명할 수 있다. 우리가 인내심을 갖고 멜랑콜리 환자의 다양한 자기비난을 들으면, 자기비난 중 가장 강력한 것은 종종 자기 자신에 해당하지 않고, 약간의 수정만 가한다면 다른 사람 —환자가 사랑하고 사랑했거나 또는 사랑해야 하는 사람— 에게 적용된다는 인상을 받지 않을 수 없다. 그리하여 우리는 자기비난이 사랑 대상에 대한 비난이라는 것을 알게 됨으로써 멜랑콜리의 열쇠를 손에 넣게 되었다. 대상에 대한 비난으로부터 자신에 대한 비난으로 전환된 것이 멜랑콜리라는 것이다.

자기 남편이 자기와 같은 무능한 여자와 엮여 있어서 불쌍하다고 큰 소리로 그를 동정하는 여자는 원래는 자기 남편의 무능력 —이 무능력이 무엇을 의미하든— 을 비난하고자 하는 것이다. 몇 가지 진정한 자기비난이 뒤로 물러나 있기는 하지만 가

끔 등장한다는 사실에 대해 놀랄 필요가 없다. 그것이 전면으로 박차고 나올 수 있는 것은, 그것이 다른 [거짓] 자기비난을 숨기고 상황 파악을 불가능하게 만드는 데 도움을 주기 때문이다. 그렇다. 자기비난은 사랑의 상실을 야기한 사랑에서의 갈등에서 유래하는 것이다.

이제 우리는 환자의 행동을 훨씬 더 잘 이해할 수 있다. 그들의 불평(Klagen)은 그 단어의 오랜 의미에서 고발(Anklagen)인 것이다. 그들은 수치감을 느끼거나 자신을 숨기지 않는다. 그들이 자신에 대해 말하는 모든 폄하적인 것은 근본적으로 다른 사람에 대해서 하는 말이기 때문이다. 그들이 주변 사람들에 대한 겸손과 복종 —가치 없는 사람들이 가져야 할 적절한 태도— 을 보여주는 것은 결코 아니다. 오히려 그들은 항상 모욕당한 사람처럼, 그리고 마치 자신들이 커다란 부정의를 당한 것처럼, 아주 강도 높게 [타인을] 괴롭히고 있다. 이 모든 것은, 그들의 행동의 반응이 (어떤 과정을 통해 멜랑콜리적 파탄으로 이행해 버린) 반항이라는 심리적 상황으로부터 유래하는 경우에만 가능하다.

이러한 과정을 재구성하는 것은 어렵지 않다. 대상 선택, 즉 특정한 사람에 대한 리비도 결합이 존재했다. 사랑하는 사람에 의해 실제로 모욕받거나 환멸을 느끼게 되면 이 대상 관계가 흔들

린다. 그 결과로 이 대상으로부터 정상적으로 리비도를 철회하고 새로운 사람으로 리비도를 전치하는 것이 아니라 다른 결과가 초래된다. 이러한 결과가 초래되기 위해서는 몇몇 조건이 충족되어야 하는 것 같다. 대상이 드러났고, [그래서] 대상점령은 취소되었다. 그러나 자유로운 리비도는 새로운 대상으로 전치되지 않고 자아 속으로 되돌아갔다. 그러나 대상점령은 그 속에서 자유롭게 사용되는 것이 아니라 상실한 대상에 대한 자아의 동일화를 산출하기 위해 사용된다. 이렇듯 대상의 그림자가 자아 위에 드리워지며, 이제 이 자아는 어떤 특수한[44] 심급에 의해 대상인 것처럼, 즉 마치 떠나간 대상인 것처럼 판단된다. 이러한 방식으로 대상 상실은 자아 상실로 전환되며, 자아와 사랑하는 대상 사이의 갈등은 자아비판과, 동일화에 의해 변화된 자아 사이의 분열로 변화한다.

이러한 과정의 전제와 결과로부터 다음 몇 가지 사실을 직접적으로 추론할 수 있다. 한편으로, 사랑 대상에 대한 강력한 고착이 존재했음에 틀림없다. 그러나 다른 한편으로, 이것과 모순적인 것으로, 대상점령의 저항 능력은 약하다. 이러한 모순은,

---

44 초판(1917)에는 이 단어가 포함되어 있지 않다. ─편집자주

랑크의 적절한 언급에 따르면, 대상 선택은 나르시시즘의 기반 위에서 발생한다는 사실을 요구하는 것 같다. 즉 대상점령에 대해 어려움이 발생하면 그것은 나르시시즘으로 퇴행할 수 있다는 것이다. 대상과의 나르시시즘적 동일화는 사랑점령의 대체물이 되고, 이는 사랑하는 대상과의 갈등에도 불구하고 사랑점령은 포기될 필요가 없다는 결과를 낳는다. 동일화에 의한 사랑점령의 이러한 대체가 나르시시즘적 질병의 중요한 메커니즘이다. 란다우어(K. Landauer)는 최근에 그것이 정신분열증의 주요 과정임을 발견했다.[45] 물론 그것은 대상 선택의 한 유형에서 원초적 나르시시즘으로의 **퇴행**이다. 다른 곳에서 우리는 동일화가 대상 선택의 전 단계이며, 자아가 대상의 그림을 그리는 (그 표현에서 양가적인) 최초의 방식이라고 설명한 바 있다. 자아는 이 대상을 자신에게 병합하기를 원하는데, 특히 구순적 또는 식인적 단계에 상응해 먹어 치우기라는 방식으로 그렇게 하기를 원한다.[46] 아브라함은 멜랑콜리적 상태에서 심각하게 나타나는 식사 거부

---

[45] *Intern. Zeitschr. für ärztl. Psychoanalyse* II, 1914. —원주

[46] 「충동들과 충동의 운명들」(1권 89쪽) 또한 「애도와 멜랑콜리」의 편집자 서론 참조. —편집자주

를 이러한 상황과 연결시켰고, 그의 이 견해는 옳다.[47]

이론이 요구하는 다음 결론, 즉 멜랑콜리에 잘 걸리는 성향 또는 그러한 성향의 일부가 대상 선택의 나르시시즘적 유형에서 지배적 역할을 한다는 결론은 유감스럽게도 아직 연구를 통하여 확증되지 않았다. 나는 이 글을 도입하는 몇 문장에서 이 연구가 근거하고 있는 경험적 재료가 우리의 요구를 위해서 충분하지 못하다고 고백한 바 있다. 우리의 결론들이 관찰된 사실들과 일치한다고 가정해도 좋다면, 우리는 대상점령으로부터 아직 나르시시즘에 속하는 구순적 리비도 단계로의 퇴행을 멜랑콜리의 특징으로 받아들이기를 주저하지 않을 것이다. 대상과의 동일화는 전이신경증에서도 결코 드물지 않으며, 오히려 특히 히스테리에서 잘 알려진 증상 형성의 메커니즘이다. 그러나 우리는 나르시시즘적 동일화에서 대상점령은 해소되고, 히스테리에서 그것은 존속하며 (일반적으로 몇몇 개별적인 행위와 신경감응들에 국한되는) 영향력을 표출한다는 점에서 나르시시즘적 동일화와 히스테리의 차이점을 볼 수 있을 것이다. 나르시시즘적 동일화는 더 근

---

47 아브라함은 1915년 3월 31일 자 편지에서 처음으로 프로이트로 하여금 이 가정에 대해 주목하게 했다(Freud, 1965a, S. 208 참조). ―편집자주

원적인 동일화이며, 덜 연구된 히스테리자에 대한 이해를 위하여 우리에게 길을 열어 준다.[48]

따라서 멜랑콜리는 자신의 특성의 한 부분을 애도로부터, 다른 부분은 나르시시즘적 대상 선택에서 나르시시즘으로의 퇴행 과정으로부터 취한다. 멜랑콜리는 한편으로는 애도처럼 사랑 대상의 실제적인 상실에 대한 반응이지만, 그것 이외에도 정상적인 애도가 갖고 있지 않은 조건, 또는 정상적인 애도를 그것이 등장하는 곳에서 병리적인 애도로 전환시키는 조건과 결부되어 있다. 사랑 대상의 상실은 사랑 관계의 양가감정을 관철시키고 전면에 부각시키는 탁월한 계기인 것이다.[49] 그러므로 강박증에 잘 걸리는 성향이 존재하는 곳에서는 양가감정 갈등이 애도에 병리적 형태를 부여하며, 그 소질이 자기비난의 형태로 —사랑 대상의 상실에 자신이 책임이 있다고, 즉 자신이 그것을 원했다는 식으로— 표현되도록 만든다. 사랑하는 사람이 죽은 후에 나타나는 강박증적 우울증을 통해 우리는 리비도의 퇴행적

---

[48] 동일화라는 주제 전체는 『집단심리학과 자아분석』(*SA*, Bd. 9, S. 98 이하)에서 다시 한 번 프로이트에 의해 설명된다. 히스테리적 동일화에 관한 초기의 논의는 『꿈의 해석』에서 찾아볼 수 있다(*SA*, Bd. 2, S. 165~166). —편집자주

[49] 이하에서 제시되는 설명의 상당 부분은 「자아와 이드」의 5장에서 더 상세히 다뤄진다(2권 151쪽 이하 참조). —편집자주

철회가 나타나지 않을 때에도 양가감정 갈등이 혼자의 힘으로 무엇을 할 수 있는지 볼 수 있다. 멜랑콜리를 발생시키는 계기는 주로 죽음에 의한 상실이라는 명백한 경우를 넘어 모욕, 냉대, 그리고 환멸과 같은 모든 상황을 포함한다. 이러한 상황들을 통해 사랑과 미움의 대립이 서로 연관을 맺게 되거나 이미 존재하는 양가감정이 강화되는 것이다. 보다 현실적인 것일 수도 있고, 보다 기질적인 기원을 가질 수도 있는 이러한 양가감정 갈등은 멜랑콜리의 전제로서 무시되어서는 안 된다. 대상 자체는 포기되지만, 포기될 수 없는 대상 사랑은 나르시시즘적 동일화로 도피한다. 이때 이러한 대체 대상에서 미움이 활동하는 것이다. 미움이 사랑 대상을 경멸하고 모욕하며 고통을 가하고, 이러한 고통을 통해 사디즘적 만족을 얻음으로써 말이다. 의심의 여지 없이 풍부한 만족을 제공하는(genußreich) 멜랑콜리적 자기학대는 강박증이라는 상응하는 현상이 그러하듯이, 사디즘적인 증오 경향 —우리는 이것이 대상에 적용되며 이러한 길을 경유해 자기 자신으로 전환됨을 경험한다— 의 만족을 전적으로 의미한다.[50] 이 두 질병에서 항상 환자들은 이러한 우회로를 통해 자기처벌

---

50 이러한 구분에 대해서는 「충동들과 충동의 운명들」 참조(1권 88~91쪽). —원주

을 넘어 원래의 대상들에 복수하고, 병이 들었다는 사실을 매개로 자신들의 사랑을 괴롭히는 것이다. 병에 걸린 후에는 자신들의 적대감을 직접적으로 표현하지 않아도 되기 때문이다. 환자의 병의 방향을 결정해 주는 감정장애를 불러일으킨 사람은 일반적으로 환자 주변에 있다. 그리하여 사랑 대상에 대한 멜랑콜리 환자의 사랑점령은 이중의 운명을 겪는다. 그것은 부분적으로는 동일화로 퇴행하고, 다른 한편으로는 양가감정 갈등의 영향하에서 자신[멜랑콜리 환자]에게 더 가까이 있는 사디즘의 단계로 물러난다.

이 사디즘이야말로 멜랑콜리를 그토록 흥미로운 것으로, 그리하여 그토록 위험한 것으로 만드는 자살 경향이라는 수수께끼를 해결해 준다. 우리는 자아의 매우 커다란 자기애를 충동의 삶이 출발하는 원초적 상태로 인식했다. 생명이 위협받을 때 등장하는 불안에서 우리는 나르시시즘적 리비도의 총량이 자유로워진다고 생각하기 때문에, 우리는 어떻게 이러한 자아가 자기파괴에 동의할 수 있는지 이해하기 어렵다. 오래전부터 우리는 다른 사람들에 대한 살해 충동자극을 자신에게로 되돌리지 않는 신경증자는 자살 의도를 느끼지 않는다는 것을 알고 있었다. 하지만 어떤 힘 작용을 통해 그러한 의도를 행동으로 옮기게 되는지는 이해할 수 없었다. 이제 멜랑콜리 분석은 우리에게 다음 사실을 가르쳐 준다. 즉 자아가 대상점령을 되돌림으로써 자기 자신을 하나의 대상처럼 다룰 수 있을 때에만, 자아가 대상에게 적용되어야 할 [적대감] 그리고 외부세계의 대상에 대한 자신[자아]의 원래의 반응을 표현하는 적대감을 자신에게 향하게 할 때에만(1권 84쪽 참조), 자아는 자신을 죽일 수 있다는 것이다. 나르시시즘적 대상 선택으로부터 퇴행이 일어날 때 대상은 제거되었지만 그것은 자아 자신보다 더 강력한 것임이 입증된다. 사랑에 빠짐과 자살이라는 두 개의 대립되는 상황에서 자아는 전적으로 상이한 길을 통해서이기는 하지만 대상에 의해 압도되는 것이다.[51]

그리하여 멜랑콜리의 눈에 띄는 특징으로서 빈곤화(이 책의 59~60쪽 참조)에 대한 불안의 등장, 그리고 [대상과의] 결합으로부터 분리되고 퇴행적으로 변화된 항문성애의 출현을 제시할 수 있다는 것이 이제 분명해졌다.

멜랑콜리는 우리가 대답하기가 부분적으로 불가능한 다른 질문들을 우리에게 던진다. 멜랑콜리는 일정한 시간이 지나면 눈

---

[51] 자살이라는 주제에 대한 나중의 성찰은 「자아와 이드」 5장(2권 157~161쪽)과 「마조히즘의 경제적 문제」(3권 165~168쪽)에서 찾아볼 수 있다. —편집자주

에 띌 만한 커다란 변화를 남기지 않은 채 사라진다는 특징을 애
도와 공유한다. 우리는 애도의 경우에 현실 검사의 명령을 세부
적으로 수행하기 위해 시간을 필요로 한다는 것을 알고 있다(이
책의 52~53쪽). 이러한 작업을 마치면 자아는 상실한 대상으로부
터 자신의 리비도를 [다시] 자유롭게 얻는다. 우리는 자아가 멜랑
콜리의 경우에도 유사한 작업을 한다고 생각한다. 양자 모두의
경우에서 우리는 이 과정에 대한 경제적 이해에는 도달하지 못
했다. 멜랑콜리의 불면증은 그 상태가 경직된 상태라는 것, 즉
수면을 위해 필요한 [리비도]점령을 끌어들이는 것이 불가능하다
는 사실을 증언한다. 멜랑콜리 콤플렉스는 개방된 상처처럼 행
동한다. 그것은 모든 측면으로부터 점령 에너지를 자신에게로
끌어오며 ─우리는 전이신경증에서 이를 '반대점령'이라고 불
렀다─ 완전히 빈곤해질 때까지 자아를 고갈시킨다.[52] 멜랑콜
리 콤플렉스는 자아의 잠자고자 하는 소망에 대해 쉽게 저항한
다는 것을 보여 줄 수 있다. 아마도 심리발생적으로는 설명할 수

---

[52] 개방된 상처에 대한 이러한 비교는 이미 멜랑콜리에 대한 프로이트의 (두 개의 삽화
로써 예시하는) 초기의 언급, 즉 매우 모호한 부분인 5장에 이미 등장한다(Freud, 1950a,
원고 G. 아마도 이 원고는 1895년에 집필되었으리라 추측된다). 또한 「애도와 멜랑콜리」의
편집자 서론을 참조. ─편집자주

없는 육체적인 계기가 밤 시간에 상태를 규칙적으로 완화시키면서 전면에 등장할지도 모르겠다. 이러한 설명에 다음 질문들이 이어질 수 있다. 즉 '대상을 고려하지 않고 자아 상실 —순수한 나르시시즘적 모욕— 만으로 멜랑콜리의 그림을 그리기에 충분한가', 그리고 '독소적 요인 때문에 직접적으로 일어나는 자아의 빈곤화가 병의 어떤 형태들을 야기하지는 않는가'라는 질문 말이다.

설명을 필요로 하며 눈에 띄는 멜랑콜리의 독특성은 그것이 조증이라는 증상적으로 반대되는 상태로 전환된다는 성향이 있다는 것이다. 잘 알려져 있듯이 모든 멜랑콜리가 이러한 전환의 운명을 갖고 있지는 않다. 멜랑콜리의 많은 경우가 주기적으로 재발하면서 진행되지만, 조증의 색조를 보이지 않거나 경미하게 보인다. 멜랑콜리의 다른 경우는 멜랑콜리적 단계와 조증적 단계의 규칙적인 변화를 보이는데, 이는 주기적인 광기의 등장 속에서 표현된다. 정신분석 작업이 이러한 질병들의 많은 경우를 해결하고 치료적으로 영향을 주지 못했다면, 사람들은 이러한 경우를 심리발생적 설명으로부터 제외하고 싶은 유혹을 느꼈을 것이다. 멜랑콜리에 대한 분석적 해명을 조증으로까지 확대하는 것은 허용될 뿐만 아니라 의무이기도 하다.

나는 이러한 시도가 완전히 만족스러운 결과를 낳을 것이라고 약속할 수는 없다. 오히려 그것은 최초의 방향 설정의 가능성을 넘어 멀리 나아가지는 못할 것이다. 두 개의 근거가 우리에게 주어져 있다. 하나는 정신분석적 인상이고, 다른 하나는, 이렇게 말하는 것이 허락된다면, 경제적 경험이다. 이미 여러 정신분석 연구자가 의견을 피력한 바 있는 정신분석적 인상은 다음과 같은 것을 포괄하고 있다. 즉 조증은 멜랑콜리와 다르지 않은 내용을 갖고 있다는 것, 그리고 이 두 질병은 아마도 멜랑콜리에서는 자아가 굴복한, 그러나 조증에서는 자아가 극복했거나 옆으로 밀쳐놓은 콤플렉스와 동일한 '콤플렉스'와 투쟁한다는 것이다. 전형적인 조증의 모습이 우리에게 보여 주는 기쁨, 환호, 승리(감)라는 모든 상태는 [앞서 언급한 바 있는] 경제적 조건이 무엇인지 우리에게 알게 해 준다. 이러한 경험은 또 다른[두 번째의] 근거를 제공한다. 이 모든 상태에서 관건이 되는 것은, 오랫동안 유지된 또는 생겨난 커다란 심리적 지출을 마침내 불필요한 것으로 만드는 작용이다. 그리하여 그 심리적 지출을 [다른] 많은 경우를 위해 사용하고, 배출될 수 있도록 만드는 가능성이 존재하게 되는 것이다. 예를 들면, 한 가난한 남자가 돈을 많이 벌어서 끼니에 대한 만성적 걱정으로부터 해방되었을 때, 길고 힘든 투쟁이 마침내 성공으로 보상받을 때, 억압적인 강박관념, 즉 지속되었던 곤궁 상태를 단번에 중단시킬 수 있게 되었을 때 등 말이다. 그러한 모든 상황은 고조된 기분, 즐거운 정서의 방출, 어떤 행동이든 할 수 있다는 고도로 들뜬 마음이라는 특징을 갖는다. 조증과 완전히 유사하게, 그리고 멜랑콜리의 우울증과는 전적으로 반대로 말이다. 우리는 조증은 그러한 승리감에 다름 아니라고 말하고자 한다. 다만 자아가 극복한 것, 그리고 자아가 승리를 거둔 것이 그것[자아]에는 감추어져 있을 뿐이다. 술 취한 상태—술 마신 사람이 기분이 더 좋아진다면— 도 이러한 일련의 상태에 속하는 것으로 제시할 수 있을 것이다. 이 사람의 경우에는 아마도 독성적 요인을 통해 억압[적] 에너지의 제거를 달성했을 것이다. 일반인들의 견해는 그러한 조증적 상태에서는 사람들이 '너무 기분이 좋기' 때문에 동작이 활발해지고 무언가를 하고 싶어 한다고 기꺼이 가정한다. 그러나 물론 이러한 잘못된 연결을 해소해야 한다. 앞에서 언급했듯이, 이는 심리적 삶에서 경제적 조건이 충족되었기 때문이며, 따라서 사람들은 한편으로 그렇게 더 좋은 기분에 빠져들고, 다른 한편으로는 행동에서 억제되지 않게 되는 것이다.

우리가 이 두 개의 암시를 종합해 보면[53] 다음 사실이 도출된다. 조증에서 자아는 대상 상실(또는 상실에 대한 슬픔 또는 아마도 대상 자체)을 극복했음에 틀림없다. 그리고 이제, 멜랑콜리의 아픈 고통이 자아로부터 자신[멜랑콜리]에게로 끌어당겨 묶어 두었던 반대점령[에너지]의 총량이 처분 가능해졌다(이 책의 68쪽). 조증 환자는 그가 고통받았던 자신의 대상으로부터 자유로워졌다는 것을 또한 분명하게 우리에게 보여 준다. 식욕이 왕성한 사람처럼 새로운 대상점령들을 향해 나아감으로써 말이다.

이러한 설명은 그럴듯해 보이지만, 그것은 우선 너무 적게 규정되어 있다[설명해 주는 바가 너무 적다]. 둘째, 그것은 우리가 대답할 수 있는 것보다 더 많은 새로운 문제와 의혹을 불러일으킨다. 그것들에 대한 명확한 설명에 도달할 수 있다고 기대할 수 없을지라도 우리는 이에 대해 논의하지 않을 수 없다.

우선, 정상적인 애도자는 대상 상실을 극복하고, 애도가 지속되는 동안에도 자아의 모든 에너지를 흡수한다. 왜 애도의 경우에는 애도가 끝난 후에 승리단계를 위한 경제적 조건이 조금도 생겨나지 않는 것일까? 나는 이러한 반론에 신속하게 대답할 수 없다. 또한 이러한 반론은 우리는 어떤 경제적 수단을 통해 애도

---

53 '정신분석적 인상'과 '일반적인 경제학적 경험'을 의미. —편집자주

가 자신의 과제를 해결하는지 아무런 말을 할 수 없다는 사실에 주목하게 한다. 리비도가 상실한 대상과 결합되어 있었다는 것을 보여 주는 기억들이나 예상 상황들 각각에 대해 현실은, 대상이 더 이상 존재하지 않는다는 판결을 내린다. 그리하며 자아는 다음 질문, 즉 '자신이 이러한 운명을 받아들일 수 있는가', 그리고 '살아 있다는 나르시시즘적 만족들의 총합을 통해, 파괴된 대상과의 결합을 해소하기로 결정할 수 있는가'라는 질문에 직면한다. 우리는 이러한 해소가 너무나 느리고 단계적으로 이루어지기 때문에 [애도] 작업이 끝나면 그 작업을 위해 필요한 [에너지] 지출도 거의 고갈된다고 생각할 수 있다.[54]

애도 작업에 관한 막연한 추측으로부터 멜랑콜리 작업에 대한 설명으로 나아가는 길을 찾는 것은 유혹적인 일이다. 그러나 여기에서 우선 불확실성이 우리의 길을 막는다. 우리는 지금까지 멜랑콜리에서 지형학적 관점을 거의 고려하지 않았으며, 어떤 심리적 체계들 속에서, 그리고 사이에서 멜랑콜리 작업이 이루어지는지 질문하지 않았다. 멜랑콜리의 심리적 과정과 관련

---

[54] 지금까지 정신분석 연구에서 경제적 관점은 거의 고려되지 않았다. 예외로서 타우스크(V. Tausk)의 논문, 「보상을 통한 억압 동기의 가치절하」(1913)를 부각시키고자 한다. ―원주

해 무슨 일이 풀려난 대상점령들에서 일어나고 있는가? 멜랑콜리의 경우 자아에서 발생하는 동일화에서는 무슨 일이 일어나고 있는가?

'리비도가 대상의 무의식적 사물표상(Dingvorstellung)[55]을 떠난다'고 신속하게 말할 수 있고, 쉽게 기술할 수 있다. 그러나 실제적으로 이러한 표상[사물표상]들은 수많은 개별 인상(개별인상들의 무의식적 흔적들)에 의해 대리된다. 이러한 리비도 철회는 순간적인 과정일 수 없고, 애도에서처럼 분명히 오랜 시간이 걸리는, 점차적으로 진전하는 과정이다. 이러한 과정이 많은 곳에서 동시에 시작되는지, 또는 어떤 방식으로든 정해진 순서를 갖고 있는지는 쉽게 결정할 수 없다. 분석을 통해 우리는 종종, 어떤 경우에는 이런 기억이, 어떤 경우에는 저런 기억이 활성화된다는 것, 그리고 항상 똑같이 들리는 [환자를] 소진시키는 단조로운 불평은 언제나 다른 무의식적 근거로부터 유래한다는 것을 확정할 수 있다. 대상이 많은 결합을 통해 강화된 커다란 의미를 자아에 대해 갖고 있지 않다면, 상실은 애도 또는 멜랑콜리를 발생시키

---

55 이에 대해서는 「무의식」(1915e), 그리고 그 글의 편집자 각주를 참조(1권 199쪽 각주 139). ―편집자주

기에 적절하지 않다. 리비도 철회는 개별적으로 실행된다는 것이 애도와 멜랑콜리의 특징이라고 할 수 있다. 이러한 특징은 아마 [애도와 멜랑콜리가] 동일한 경제적 상황에 있으며 동일한 경향성에 봉사하고 있다는 것을 보여 준다.

그러나 멜랑콜리는 우리가 보았듯이(이 책의 64쪽 이하) 정상적 애도 이상의 것을 그 내용으로 갖고 있다. 멜랑콜리에서 대상과의 관계는 단순하지 않다. 그것은 양가감정 갈등에 의해 더 복잡해진다. 양가감정은 기질적(konstitutionell)이거나, 즉 이 자아의 사랑 관계에 달려 있거나, 또는 대상 상실의 위협을 동반하는 체험들로부터 나온다. 따라서 그 동인에 있어서 멜랑콜리는 일반적으로 단지 실제적 상실, 대상의 죽음에 의해 촉발되는 애도를 훨씬 넘어선다. 그렇다면 멜랑콜리에서는 대상을 둘러싼 수많은 개별적 투쟁이 실을 잣듯이 진행된다. 이 투쟁에서는 미움과 사랑이 서로 싸우는데, 전자는 대상으로부터 리비도를 분리시키려는 투쟁이고, 후자는 [심리적 고통의] 쇄도에 맞서 리비도의 위치를 지키려는 투쟁이다. 우리는 이러한 개별 투쟁들을 무의식 체계, 즉 (단어표상과는 대립되는) 사물에 대한 기억흔적의 영역에 위치시킬 수밖에 없다. 바로 거기에서 애도에서의 [리비도] 분리 시도 또한 행해진다. 그러나 이 경우에는 이러한 분리 시도가 정상적인 길을 따라 전의식 체계를 통과해서 의식으로 진전하는 것을 막는 장애물이 없다. 이러한 길이 멜랑콜리 작업에는 폐쇄되어 있는데, 아마 다수의 원인 또는 [이 원인들의] 융합 작용 때문에 그리할 것이다. 구성적(konstruktiv) 양가감정은 그 자체로 억압된 것에 속하며, 대상과의 외상적 경험은 [앞서 언급한 것과는] 다른 억압된 것을 활성화시켰을 것이다. 따라서 양가감정 투쟁 속에 있는 모든 것은 의식을 벗어난 상태에 있게 된다. 우리가 알고 있듯이 멜랑콜리의 특징적 귀결은 다음과 같다. 위협받은 리비도 점령은 결국 대상을 떠난다. 그러나 그것은 자신의 출발점이었던 자아의 위치로 되돌아갈 뿐이다. 이렇듯 사랑은 자아 속으로의 도피를 통해 제거를 모면한다. 리비도의 이러한 퇴행이 일어난 후 그 [멜랑콜리적] 과정은 의식될 수 있고, 자아의 한 부분과 비판적 심급 사이의 갈등으로서 의식에게 자신을 드러낸다.

따라서 의식이 멜랑콜리 작업에 관해 알게 되는 것은 그것[멜랑콜리 작업]의 본질적 부분이 아니며, 우리가 고통의 해소에 영향을 줄 수 있다고 믿을 수 있는 부분도 아니다. 우리는 자아가 자신을 경멸하고 자신에 대해 분노한다는 것을 알고 있지만, 이러한 사실이 어디로 [환자를] 데리고 갈지, 그것을 어떻게 변화시킬 수 있을지를 환자만큼이나 이해하지 못한다. 우리는 그것을 [멜랑콜리] 작업의 무의식적 부분으로 돌릴 수 있다. 멜랑콜리 작업과 애도 작업 사이의 유비를 발견하는 것은 어렵지 않기 때문이다. 대상을 죽었다고 선언하고, 계속 살 수 있다는 보상을 자아에게 줌으로써 애도가 자아로 하여금 대상을 파괴할 수 있도록 추동하듯이, 양가감정 투쟁 각각은, 리비도에 대한 고착을 평가절하하고 경시하며, 말하자면 또한 죽임으로써 대상에 대한 리비도 고착을 느슨하게 만든다. 분노가 사그라진 이후든, 또는 대상이 무가치한 것으로 포기된 이후든 무의식에서의 과정이 종결될 수 있는 가능성이 주어진다. 이 두 가지 가능성 중 어떤 것이 일반적으로 또는 더욱 자주 멜랑콜리를 종결시키는지, 그리고 이러한 종결이 멜랑콜리의 향후 진행에 어떤 영향을 미치는지 우리는 알지 못한다. 이때 자신을 대상보다 더 낫고 뛰어난 사람으로 인정할 수 있다는 사실에 대해 자아가 만족감을 누릴 수 있을지도 모른다.

멜랑콜리 작업에 관한 이러한 견해를 우리가 받아들인다고 할지라도, 그것은 우리의 출발점이 되었던 한 가지를 설명해 주지 못한다. 우리는 멜랑콜리가 지나간 후에 조증이 생겨나는 조건을 멜랑콜리를 지배하는 양가감정으로부터 도출할 수 있을 것이라고 기대했었다. 이러한 기대는 여러 여타 영역으로부터 유래하는 유비들에 근거한다. 그러나 이러한 기대들이 먼저 고려해야 할 사실이 하나 있다. 멜랑콜리의 세 전제, 즉 대상 상실, 양가감정, 그리고 리비도 퇴행 중에서 우리는 처음 두 전제를 [어떤 사람이] 죽고 난 이후에 등장하는 강박적 자기비난에서 다시 발견한다. 이 경우 의심의 여지 없이 갈등의 원동력은 양가감정이다. 그리고 관찰을 통해 우리는 강박적 자기비난의 상태가 지나간 후에 조증적 성격을 가진 승리감이 등장할 여지는 전혀 없다는 것을 안다. 그렇다면 우리는 조증을 야기하는 유일한 계기로서 세 번째 계기를 지적할 것이다. 처음에는 묶여 있는 [리비도]점령의 축적이 멜랑콜리 작업이 끝난 후에는 자유로워져서 조증을 가능케 하는데, 이러한 리비도점령의 축적은 나르시시즘으로 리비도가 퇴행하는 것과 연관성을 갖고 있음에 틀림없다. 멜랑콜리가 대상을 둘러싼 싸움과 교환하는, 자아 속에서의 갈등[56]은 엄청난 정도의 반대점령을 요구하는 고통스러운 상처처럼 작용함에 틀림없다. 그러나 여기에서 논의를 멈추고 조증에 대한 계속적인 설명을 다시 한번 뒤로 미루는 것이 타당하리라 생각한다. 우리가 육체적 고통, 그리고 육체적 고통과 유사한 심리적

---

56 멜랑콜리는 자아 내에서의 갈등 대신에 대상과의 싸움에 몰두한다는 의미.

고통의 경제적 본성에 대한 통찰력을 얻게 될 때까지 말이다.[57]
우리는 심리적 문제들의 연관 관계들이 서로 복잡하게 얽혀 있
기 때문에 다른 연구의 성과로부터 도움을 얻을 수 있을 때까지
각 연구를 미완성인 채로 중단해야만 한다는 것을 알고 있다.[58]

---

[57] 「억압」 참조(1권 103쪽 각주 58). ㅡ편집자주

[58] 1923년의 추가임. 『집단심리학과 자아분석』에서 조증의 문제에 대한 프로이트의
계속적인 언급을 참조(*SA*, Bd. 9, S. 121~124). ㅡ편집자주

신경증과 정신병

(1924/1923)

이 논문은 1923년 늦은 가을에 쓰였다. 여기에서 프로이트는 「자아와 이드」(1923b)에서 제시한 새로운 가설들을 신경증과 정신병의 발생적 차이에 관한 특수한 문제에 적용한다. 여기에서의 연구는 단지 몇 개월 후에 집필한 추가적 논문, 즉 「신경증과 정신병에서의 현실 상실」(1924e)에서 계속 진행되었다. 그는 이 주제의 근본적 내용들을 방어 정신신경증에 관한 첫 번째 논문(1894a)에서 이미 설명한 바 있다.

「신경증과 정신병」의 두 번째 문단에서 프로이트는 자신의 고찰이 '다른 측면으로부터 자극받은 사고 과정'과 관련 있다고 말한다. 아마 이 말은 당시 막 출간된, 홀로스(I. Hollós)와 페렌치(S. Ferenzci)의 「마비를 야기하는 정신장애의 정신분석」(1922)을 의미할 것이다. 페렌치가 이 글의 이론적 부분을 썼다.

신경증과 정신병

최근 출간된 글 「자아와 이드」에서 나는 심리장치를 구획했고, 이러한 바탕 위에서 단순하고 개괄적인 방식으로 일련의 관계들에 대해 서술했다. 다른 점들에서는, 예를 들면 초자아의 기원과 역할에 관해서는 모호하고 해결되지 않은 문제들이 많이 남아 있다. 「자아와 이드」에서의 설명이 다른 것들을 위해서도 사용될 수 있으며 그렇게 되어야 할 필요가 있다고 우리는 요구할 수 있을 것이다. 이미 알려진 것들을 새로운 관점에서 바라볼 수 있도록, 그것을 다른 방식으로 분류하고 더 설득력 있게 기술할 수 있다면 말이다. 그렇게 [심리장치 이론을 다양한 분야에] 적용할

수 있다면 회색 이론으로부터 영원히 푸르러지는 경험으로 되돌아가는 좋은 경험을 하게 될 것이다.[59]

「자아와 이드」에서 나는 자아의 다양한 종속 관계, 즉 자아의 —외부세계와 이드 사이의— 중간적 위치, 그리고 자신[자아]의 모든 주인의 뜻에 동시에 따르려는 노력에 대해 묘사했다. 다른 측면으로부터 자극받은 사고 과정[60] —정신병의 발생과 예방의 문제에 몰두했던— 과 관련해 이제, 신경증과 정신병의 아마도 가장 중요한 발생적 차이를 다루는 간단한 다음 공식이 내게 떠올랐다. 신경증은 자아와 그의 이드 사이의 갈등의 결과이고, 정신병은 갈등이 자아와 외부세계 사이의 갈등으로 귀결된 것이다.

사람들이 이렇게 간단한 문제 해결책을 불신하리라는 경고는 분명히 정당하다. 그리고 또한 우리는 기껏해야 이 공식이 개략적으로 옳다는 것 이상을 기대할 수 없을 것이다. 그러나 이 정도만 해도 이미 우리에게 무언가를 알려 준다고 할 수 있다. 우리의 주장을 강화시켜 주는 것처럼 보이는 일련의 통찰과 발견을 즉시 기억해 보기를 바란다. 전이신경증은 우리의 모든 분석

---

59 괴테, 『파우스트』 1부, 장면 4에서의 파우스트의 말. —원주
60 이에 대해서는 편집자 서론 참조. —편집자주

의 성과에 따르면 다음 이유로 생겨난다. 즉 자아가 이드 속에서 강력한 힘을 발휘하고 있는 충동자극을 받아들이지 못해서 그 충동자극을 운동을 통해 처리할 수 없거나, 또는 자아가 충동자극이 목표하는 대상을 그것[충동자극]에게 금지한다. 그리하여 자아는 억압 메커니즘을 통해 충동자극을 방어한다.

억압된 것은 이러한 운명에 반항하고, 자아가 힘을 행사할 수 없는 길을 경유해 대체물, 즉 타협의 길을 경유해 자아에게 들이닥치는 대체물인 증상을 만들어 낸다. 자아는 이러한 침입자에 의해 자신의 통일성이 위협받고 손상을 입는다고 느끼고, 원래의 충동자극에 대해 자신을 방어했듯이 증상에 대한 투쟁을 계속해 나간다. 이 모든 것이 신경증의 모습을 발생시키는 것이다. 자아가 억압을 행할 때 근본적으로 자신의 초자아의 명령 —초자아 속에서 자신[외부세계]의 대리자를 발견한 실제적 외부세계로부터 유래하는 명령— 을 따른다는 것은 반론이 되지 못한다. 그러나 다음 사실은 여전히 남는다. 자아가 이러한 힘들[초자아와 외부세계의 힘들]의 편에 섰다는 것, 그리고 자아 속에 존재하는 그 힘들은 이드의 충동적 요구보다 더 강력하다는 것, 그리고 자아는 이드의 그 부분에 대해 억압을 관철시키며 저항의 반대점령을 통해 억압을 공고히 한다는 것 말이다. 초자아와 현실에 봉사함으로써 자아는 이드와 갈등에 빠지는데, 바로 이것이 모든 전 이신경증에서 발생하는 상황인 것이다.

다른 한편으로 정신병 메커니즘에 대한 지금까지의 우리의 통찰을 바탕으로, 자아와 외부세계 간 관계의 장애를 보여 주는 사례들을 인용하는 것도 어렵지 않다. 아마도 정신병의 가장 극단적이고 눈에 띄는 형태인 마이네르트(Meynert)의 정신박약(Amentia), 즉 급성적인 환각적 혼란에서 외부세계는 전혀 지각되지 않거나, 또는 외부세계에 대한 지각이 전혀 효력을 발휘하지 못한다.[61] 일반적으로 외부세계는 두 가지 방법으로, 즉 첫째는 항상 새로운 현행적 지각을 통해서, 둘째는 이전의 지각들에 대한 축적된 기억 ―내부세계로서 자아의 소유물과 구성 부분을 형성하는 축적된 기억― 을 통해서 자아를 지배한다. 그러나

---

[61] 그러나 프로이트의 유작인 『정신분석 개요』(1940a/1938) 7장의 한 구절은 이러한 확정에 제약을 가한다. 거기에 다음과 같이 쓰여 있다. "현실로부터의 자아의 분리가 남김없이 이루어질 수 있다면 정신병의 문제는 간단하고 명확할 것이다. 그러나 그런 경우는 드문 것처럼 보이며, 아마도 결코 일어나지 않을 것이다. 환각적 혼란(정신박약)의 경우처럼 외부세계의 현실로부터 매우 멀리 떨어져 있는 상태에서조차도 환자가 회복된 후에 그가 하는 보고를 통해 우리는 그의 표현대로 심리의 한 구석에 정상적 인격 ―병의 유령과, [병에] 참여하지 않은 관찰자는 감지하지 못했던 정상적 인격― 이 계속 숨겨져 있었다는 것을 알게 되었다."(또한 이 책의 92쪽과 각주 참조) ―편집자주

정신박약에서는 새로운 지각의 수용이 거부될 뿐만 아니라, 외부세계의 모사물로서 지금까지 외부세계를 대리했던 내부세계도 그 의미(즉, 점령)를 박탈당한다. 자아는 독단적으로 새로운 외부세계와 내부세계를 만들어 내는데, 다음 두 가지는 의심의 여지 없는 사실이다. 즉 이 새로운 세계는 이드의 소망자극이라는 의미에서 건설된 것이며, 현실이 견딜 수 없는 심각한 소망거절[욕망의 좌절]을 야기한 것이 이 외부세계의 분해의 동기라는 사실 말이다. 정신병과 정상적인 꿈의 내적인 유사성을 간과할 수 없다. 꿈을 꾸기 위한 조건은 잠자는 것인데, 지각과 외부세계로부터의 완전한 단절이 수면 상태의 특징 중 하나다.[62]

정신병의 다른 형태인 정신분열증에 대해 우리는 그것이 정동적 둔감, 즉 외부세계에 대한 모든 관심의 상실로 향하는 경향이 있다는 것을 알고 있다. 몇몇 분석 작업은 망상 형성의 발생에 관해 다음 사실을 우리에게 가르쳐 주었다. 망상은 수선을 위해 덧붙이는 조각들처럼 원래 외부세계에 대한 자아의 관계 속에 균열이 생긴 곳에서 발견된다는 것 말이다. 외부세계와의 갈

---

[62] 「꿈 이론에 대한 메타심리학적 보충」(1917d/1915) 참조(이 책의 15~16쪽 이하). —편집자주

등의 조건이 우리가 지금 알고 있는 것보다 훨씬 덜 눈에 띈다면, 이는 정신병의 병리적 과정에서 나타나는 현상들이 치료 시도 또는 [외부세계의] 재건설[63] 시도와 관련된 현상들에 의해 덮인다는 사실에 그 이유가 있다.

정신신경증 또는 정신병 발병의 공통적 원인은 항상 거절(Versagung),[64] 즉 계통발생적으로 규정된 우리의 조직에 깊이 뿌리박혀 있는 저 영원히 정복되지 않은 유아적 소망이 충족되지 않는다는 데 있다. 이 거절은 궁극적으로 항상 외부적 거절이다.[65] 개별적인 경우에 거절은 현실 요구를 대리하는 (초자아 속에 있는) 저 내적 심급으로부터 유래한다. 그렇다면 병리적 효과는 다음 사실, 즉 그러한 갈등이 고조될 때 자아가 외부세계에 충실하게 계속 의존하고 이드에 재갈을 물리기 위해 노력하느냐, 아니면 자아가 이드에 의해 압도당하고 이로써 현실로부터 분리되느냐에 달려 있다. 그러나 겉보기에는 이러한 단순한 상황 속에 초자아의 존재가 복잡성을 도입한다. 초자아는 우리가 아직

---

[63] 「슈레버 사례」(1911c), *SA*, Bd. 2, 6, S. 222. —편집자주

[64] 프로이트가 좌절이 아니라 거절이라는 표현을 사용하는 것은 소망의 비충족이 외부 현실이나 초자아의 강요에 의한 것이라는 점을 강조하기 위해서다.

[65] 「신경증의 유형에 관하여」(1912c)에서 거절에 관한 논의와 관련된 몇몇 언급을 찾아볼 수 있다(*SA*, Bd. 6, S. 222). —편집자주

철저히 파악하지 못한 연결 고리를 통해 이드와 외부세계의 영향들을 자신 속에 통합하며, 그리고 말하자면 자아의 모든 노력이 목표로 삼는 것 ―자신의 다양한 의존 관계의 타협― 을 위한 이상적 모범인 것이다.[66] 지금까지는 그렇게 하지 못했지만, 심리 질환의 모든 형태에서 초자아가 취하는 행동에 대해서도 고찰할 필요가 있다. 그러나 우리는 자아와 초자아 사이의 갈등을 그 근거에 두고 있는 질병들이 틀림없이 존재한다고 잠정적으로 가정할 수 있다. 분석은 멜랑콜리가 이러한 집단의 전형이라고 가정할 만한 근거를 우리에게 제공해 준다. 그렇다면 우리는 그러한 장애에 '나르시시즘적 신경증'이라는 이름을 붙일 수 있을 것이다. 우리가 멜랑콜리와 같은 상태를 다른 정신병과 구별하는 동기를 발견한다고 할지라도 그것은 우리의 인상들에 상충하지 않는다. 그렇다면 우리는 우리의 단순한 발생적 공식을 포기하는 것이 아니라 그것을 완성할 수 있었다고 말하고자 한다. 전이신경증은 자아와 이드 사이의 갈등에, 나르시시즘적 신경증은 자아와 초자아 사이의 갈등에, 그리고 정신병은 자아와 외부세계 사이의 갈등에 상응한다는 것이다. 물론 우리는 정말로 새로

---

66 「마조히즘의 경제적 문제」(1924c) 참조(3권 160쪽). ―편집자주

운 통찰을 얻었는지, 아니면 공식의 어휘만을 풍부하게 만든 것인지 우선은 말할 수 없다. 하지만 이러한 적용 가능성이 우리의 심리장치의 구분 —자아, 초자아, 이드— 에 관한 우리의 제안을 계속 주시해도 좋다는 용기를 준다고 말하고 싶다.

신경증과 정신병이 자아가 자신을 지배하는 다양한 심급과 갈등 관계에 있기 때문에, 따라서 서로 다른 요구들을 조화시켜야 하는 노력을 보이는 자아의 기능에 이상이 생겼기 때문에 발생한다는 주장은 그 주장을 보완해 줄 다른 설명을 요구한다. 어떤 조건하에서, 그리고 어떤 수단을 통해서 자아가 분명히 항상 존재하는 갈등으로부터 병들지 않고 빠져나오는 데 성공하는지를 우리는 알기를 원한다. 이는 매우 다양한 요인들을 고려해야 하는 새로운 연구 영역이다. 두 계기를 강조할 수 있다. 그러한 모든 상황의 결과는 의심의 여지 없이 경제적 상황, 즉 서로 투쟁하는 노력들의 상대적 크기에 달려 있을 것이다. 자아는 자신을 기형으로 만들고 자신의 통일성을 기꺼이 포기함으로써, 그리고 궁극적으로 자신을 산산조각 내거나 분열시킴으로써 특정한 방향으로의 파열을 회피할 수 있다.[67] 이를 통해 사람들의 비일관

---

67 이는 프로이트가 자신의 후기에 다뤄야 했던 문제에 대한 더 이른 시기의 언급이

성, 괴팍성(Verschrobenheit), 어리석음이 성도착과 유사한 빛 속으로 들어오게 된다. 사람들은 성도착을 받아들임으로써 억압을 회피할 수 있다.

결론적으로, 억압과 유사한 메커니즘 ―자아를 외부세계로부터 분리시켜 주는 메커니즘― 이 무엇인가의 질문에 대해서는 더 생각해 보아야 할 것이다. 이에 대해서는 새로운 연구 없이는 대답할 수 없다. 그러나 그 메커니즘은 억압과 마찬가지로 자아로부터 보내진[자아가 행한] 점령의 철회를 그 내용으로 갖고 있음에 틀림없다고 말할 수 있다.[68]

다. 그것은 「절편음란증(물신주의)」(1927e)에서 처음으로 상세히 논의되며, 그 이후에는 두 개의 미완성 저작, 즉 「방어 과정에서의 자아분열」(이 책의 161쪽 이하), 그리고 『정신분석 개요』 8장에서 설명된다. ―편집자주

[68] 위 본문에서 언급한 문제는 ―프로이트가 후에 '부인(Verleugnung)'이라고 불렀던 것의 속성상― 이제 그의 저작에서 점점 더 중요한 위치를 차지하게 된다. 이 주제에 대한 중요한 설명은 바로 앞의 각주에서 언급한 문헌들에서 찾아볼 수 있다. 이 주제에 대한 세부적 사상에 대해서는 특히 「절편음란증(물신주의)」에 대한 편집자 서론을 참조(이 책의 139쪽 이하). ―편집자주

신경증과 정신병에서의 현실 상실

(1924)

1924년에 출간된 최초 영어 번역본의 한 각주(*Collected Papers*, Bd. 2, S. 277)로부터, [우리는 이 글의 경우] 조안 리비에르(Joan Riviere)의 영어 번역본이 [프로이트가 쓴] 독일어 원본보다 먼저 출간되었다는 사실을 알 수 있다.

이 글의 원고는 1924년 5월 말에 완성되었다. [아브라함이] 프로이트에게 보낸 출간되지 않은 5월 26일 자 편지로부터 알 수 있듯이, [원고가 완성된 것과] 같은 달에 아브라함이 그 원고를 읽었다(Jones, 1962b, S. 133). 이 글에서 프로이트는 「신경증과 정신병」(1924b)에서 시작한 설명을 계속 이어 나가며 그것을 확대하고 수정했다. 이 두 논문에서 행한 분류의 타당성에 대한 몇 가지 의혹은 프로이트의 나중 논문인 「절편음란증(물신주의)」(1927e)에 서 논의된다(이 책의 143쪽 이하).

신경증과 정신병에서의
현실 상실

나는 최근에[69] 신경증과 정신병을 구분하는 특징을 다음과 같이 규정했다. 신경증에서 자아는 현실에 의존하면서 이드(충동적 삶)의 한 부분을 억압하지만, 정신병에서 자아는 이드에 봉사하면서 현실의 한 부분으로부터 물러난다. 따라서 신경증에서는 현실의 영향이 우세하며, 정신병에서는 이드의 영향력이 권위를 행사한다. 정신병에서 현실 상실은 처음부터 주어진다. 신경증에서 현실은 회피된다고 말해야 한다.

------

[69] 「신경증과 정신병」 ─ 원주

그러나 이러한 설명은 우리 모두가 가질 수 있는 경험에 전혀 부합하지 않는다. 즉 모든 신경증은 현실에 대한 환자의 관계를 어떤 식으로든 방해하고, 그것[신경증]은 환자로 하여금 현실로부터 물러나게 하는 수단이며, 신경증이 심각한 상태로 발달했다면 그것은 실제적 삶으로부터의 도피를 의미한다는 경험 말이다. 이러한 모순은 심각하게 보일 수 있지만 쉽게 제거될 수 있다. 이러한 모순에 대한 해명은 신경증에 대한 우리의 설명을 오히려 촉진시키게 될 것이다.

이러한 모순은 신경증이 시작되는 단계, 즉 자아가 현실에 봉사하기 위해 충동자극을 억압하는 단계를 염두에 둘 때에만 존재한다. 그러나 그것은 아직 신경증 자체가 아니다. 신경증은 이드의 손상 입은 부분에 보상을 가져다주는 과정들 속에 ―따라서 억압에 대한 반작용과 억압의 실패 속에― 오히려 존재한다. 현실에 대한 관계가 느슨해지는 것은 신경증 형성에서의 이러한 두 번째 단계의 결과다. 따라서 현실 상실은, 현실의 저 부분 ―충동억압을 요구하는 현실의 부분― 과 관련된다는 것을 상세한 연구를 통해 알게 될지라도 놀랄 필요가 없다.

신경증의 특징이 실패한 억압의 결과라는 점은 새로울 것이 없는 이야기이다. 우리는 항상 그렇게 말해 왔다.[70] 다만 [현재 우리의 논의라는] 새로운 맥락에서 그것을 반복할 필요가 있을 뿐이다.

앞서 언급한 우려[71]는 신경증의 원인이 잘 알려져 있으며('외상적 장면'), 어떻게 당사자가 자신의 경험으로부터 물러났고, 그것을 망각해 버렸는지, 우리가 보고 있는 신경증 사례에서 특히 인상적인 방식으로 다시 등장한다. 예를 들어 나는 오래전에 분석했던 사례[72]로 돌아가고자 한다. 이 사례에서 형부를 사랑하게 된 젊은 여자는 언니의 임종을 지키고 있다가 '이제 형부는 자유로운 몸이고 나는 그와 결혼할 수 있어'라는 생각 때문에 충격을 받았다. 이 장면은 곧 잊혀 버렸고, 이와 더불어 퇴행 과정이 도입되었는데, 이 퇴행 과정이 히스테리적 고통을 유발했던 것이다. 여기에서 신경증이 어떤 길을 통해 갈등을 해결하기 위해 노력했는가를 알아보는 것은 시사하는 바가 많다. 그녀는 여기

---

70 '억압된 것의 복귀'가 '본래적 질병'이라는 점은 이미 플리스에게 보내는 편지의 K 원고(1896년 1월 1일 자, Freud, 1950a)에서 확정되었다. 조금 후에 프로이트는 이러한 생각을 반복했는데, 이때 그는 '방어의 실패'를 '억압된 것의 복귀'와 동일한 의미로 사용했다. '방어 정신신경증'에 관한 두 번째 논문(1896b) 2절 참조. ―편집자주

71 '신경증도 현실을 상실하는 것이 아닌가'라는 우려.

72 『히스테리 연구』(1895d). ―원주
「엘리자베트 폰 R. 사례」를 말한다. 프로이트는 이 사례 보고의 중간 부분에서, 그리고 마지막 1/3 부분의 도입부에서 본문의 [엘리자베트의] 말을 인용하는데, 위 본문의 단어들과는 다른 표현으로 인용했다. ―편집자주

에서 문제가 되고 있는 충동의 요구, 즉 형부에 대한 사랑을 억압함으로써 현실에서 발생한 변화의 가치를 떨어뜨렸다. 그녀가 언니의 죽음을 부인했다(verleugnen)면 그것은 정신병적 반응이다.[73]

우리는 정신병이 발생할 때 신경증에서의 과정과 유사한 어떤 것이 일어나리라고, 물론 다른 심급들 사이에서 일어난다고 예상할 수 있을 것이다. 따라서 정신병에서도 두 단계 —첫 번째 단계는 자아가 현실로부터 분리되고 두 번째 단계는 손해를 보상하고 이드를 희생시켜 현실과의 관계를 재확립하려고 한다— 가 분명하게 나타난다고 예상할 수 있다. 실제로 정신병에서 유사한 것을 관찰할 수 있다. 여기에도 두 단계가 있다. 그중 두 번째 것은 보상의 성격을 갖고 있다. 그러나 유사성은 과정들의 더 광범위한 동질성에 양보한다. 정신병의 두 번째 단계도 현실 상실을 보상하려고 하지만, (신경증에서 현실 관계를 희생시키는 것처럼) 이드를 제약하는 희생을 치르는 것이 아니라, 새로운 현실(포기된 현실과는 달리 더 이상 저항하지 않는 새로운 현실)을 창조

하는 더 독단적인 다른 방법을 따른다. 따라서 두 번째 단계는 정신병과 신경증 모두에서 동일한 경향이 지배한다. 두 경우 모두에서 두 번째 단계는 현실에 의해 강요받지 않으려고 하는 이드의 힘의 추구에 봉사한다. 따라서 신경증과 정신병은 모두 외부세계에 대한 이드의 반항의, 불쾌의, 또는 이렇게 말해도 좋다면 이드의 무능력 ―현실의 곤란, 즉 아낭케(Ἀνάγκη)에 적응할 수 없는 무능력― 의 표현이다.[74] 신경증과 정신병은 첫 번째의 도입적 반응을 뒤따르는 보상의 시도에서보다는 첫 번째의 도입적인 반응에서 훨씬 더 많이 서로 구분된다.

최초의 차이는 이제 최종 결과에서 다음과 같은 방식으로 표현된다. 신경증에서는 현실의 일부가 도피적 방식으로 회피되고, 정신병에서는 새로 건설된다는 것이다. 또는 정신병에서는 최초의 도피를 재건설이라는 능동적 단계가 뒤따르고, 신경증에서는 사후적 도피 시도가 최초의 복종을 뒤따른다. 또는 달리 표현하면, 신경증은 현실을 부인하지 않고, 단지 그것에 대해 아무것도 알기를 원치 않는다. 정신병은 현실을 부인하며, 그것을 대체하고자 한다. 우리는 두 반응의 특징 ―신경증처럼 현실을 거

의 부인하지 않지만, 정신병처럼 현실을 변화시키기 위해 노력하는 행동— 들을 통합하는 행동을 정상적이다 또는 '건강하다'라고 부른다. 이러한 합목적적인 정상적 행동은 물론 외부세계에 대해 외적 작업을 수행하는 것으로 [주체를] 이끌어 가며, 따라서 정신병에서처럼 내적 변화를 만들어 내는 것에 만족하지 않는다. 그것은 더 이상 자기조형적(autoplastisch)이지 않고 이물성형적(alloplastisch)이다.[75]

정신병에서 현실의 개조는 현실에 대한 지금까지의 관계들의 심리적 침전물에서, 즉 사람들이 지금까지 현실로부터 획득한 (그리하여 현실을 대리했던) 기억흔적들, 표상들, 그리고 판단들에서 이루어진다. 그러나 이러한 연관성은 결코 완결된 것이 아니다. 그것은 새로운 지각에 의해 계속적으로 풍부해지며 변화된다. 따라서 정신병도 새로운 현실에 상응하게 될 지각들을 만들어 내야 하는 과제를 갖게 되는데, 이는 근본적으로 환각이라는 방법을 통해 달성된다. 정신병의 수많은 형태와 사례에서 기

---

[75] 이러한 관계들[용어들]은 아마도 그것들을 「히스테리적 물질화 현상」(1919, 24, 개정판, S. 17~18)에서 사용한 바 있는 페렌치에서 유래했을 것이다. 그러나 거기에서 페렌치는 그 용어들을 위의 구절에서 단 한 번밖에 사용하지 않은 것으로 보이는 프로이트의 공적으로 돌린다. —편집자주

억의 착각, 망상, 그리고 환각은 가장 고통스러운 특징을 보이며 불안 발달과 결합되어 있는데, 이는 [현실의] 재형성 과정 전체가 격렬하게 저항하는 힘들에 대항하면서 수행된다는 것을 보여 주는 표지인 것이다.

그 [정신병의] 과정을 우리가 잘 알고 있는 신경증의 모델을 따라 구성할 수 있을 것이다. 여기에서 우리는, 억압된 충동이 뚫고 나오자마자 항상 불안 반응이 생겨나며, 갈등의 결과는 타협일 뿐이고 만족으로서는 불완전하다는 것을 알 수 있다. 정신병에서는 현실의 거부된 부분이 항상 다시 심리적 삶으로 밀고 들어온다. 신경증에서 억압된 충동이 그렇게 하듯이 말이다. 따라서 그 결과들도 두 경우에서 동일하다. 현실로부터 물러나고 그것을 재건설해야 하는, 정신병의 다양한 메커니즘에 대한 설명, 그리고 정신병이 목표하는 그러한 일이 얼마만큼 성공할 수 있는지에 대한 설명은 전문적 정신의학의 아직 착수되지 않은 과제이다.[76]

따라서 정신병과 신경증 사이에는 다음과 같은 추가적인 유

---

[76] 그러나 프로이트 자신은 이러한 방향으로 몇 가지 시도를 행한 바 있다. 예를 들면 망상증(Paranoia)(1911c, *SA*, Bd. 7, S. 192~194), 그리고 이상정신(Paraphrenie)에 대한 설명 (2권 17~18쪽, 39~40쪽; 1권 204~205쪽, 4권 27~29쪽)이다. —편집자주

사성이 존재한다. 즉 두 번째 단계에서 착수되는 과제는 두 경우 모두에서 부분적으로 실패한다는 것이다. 억압된 충동은 완전한 대체물을 만들어 내지 못하고(신경증), 현실 대리는 만족스러운 형태로 흘러가지 않는다(정신병)는 점에서 말이다(적어도 심리적 질병의 모든 형태에서 그런 것은 아니지만). 그러나 두 경우에 강조점은 다르게 배분된다. 정신병에서 강조점은 그 자체로 병적이고, 따라서 병으로 이끌 수밖에 없는 첫 번째 단계에 전적으로 놓인다. 반면 신경증에서는 두 번째 단계, 즉 억압의 실패에 놓인다. 그러나 첫 번째 단계는 성공할 수 있으며, (대가를 전혀 치르지 않는 것은 아니며 심리적 소모를 치러야 했다는 표지를 남기기는 하지만) 건강의 틀을 유지하면서 무수히 성공한다. 이러한 차이, 그리고 다른 많은 차이는 병리적 갈등의 출발점에서의 지형학적 상이성의 결과들이다. 자아가 현실 세계에 대한 자신의 의존성에 굴복하느냐, 또는 이드에 대한 의존성에 굴복하느냐는 지형학적 상이성의 결과 말이다.

일반적으로 신경증은 문제가 되는 현실의 부분을 회피하고 그것과 접촉하지 않도록 자신을 보호하는 것으로 만족한다. 그러나 신경증과 정신병의 날카로운 차이는 신경증에서도 원치 않는 현실을 소망에 더 부합하는 현실로 바꾸고자 하는 시도가 없지 않다는 사실을 통해 약화된다. 현실원칙이 관철될 때 실제적 외부세계로부터 분리되는 영역인 **환상세계**의 존재가 이러한 가능성을 제공해 준다. 그 이후로 이 영역은 일종의 '보호구역'처럼 삶이 부과하는 강제성의 요구로부터 자유로워진다.[77] 이 영역은 자아에 접근할 수 없는 것은 아니지만 자아와 느슨하게 결합되어 있다. 이 환상세계로부터 신경증은 자신의 소망을 새롭게 형성하기 위한 재료를 꺼내 오며, 더 큰 만족을 주는 '실재적 선사시대(reale Vorzeit)'로 퇴행함으로써 환상세계에서 그러한 재료를 발견한다.

정신병에서 환상세계는 동일한 역할을 한다는 것, 그리고 정신병에서도 환상세계는 새로운 현실의 건설을 위한 재료나 모델을 꺼내 올 수 있는 창고라는 것은 거의 의심의 여지 없는 사실이다. 그러나 정신병의 새로운 환상적 외부세계는 외적 현실을 대체하려고 한다. 반면 신경증의 환상세계는 어린이의 놀이처럼 기꺼이 현실의 부분 —신경증이 방어해야 하는 현실의 부분과는 다른 부분— 에 의지하고자 하며, 그것에 특별한 중요성과 비밀스러운 의미를 부여한다. 이러한 명칭이 항상 적합하지는

---

[77] 「심리적 사건의 두 원칙에 관한 정식화」(1911b)(3권 19~20쪽 각주 15) 참조. —편집자주

않지만, 우리는 이 특별한 중요성과 비밀스러운 의미를 상징적이라고 부르고자 한다. 이렇듯 우리는 신경증과 정신병 모두에 대해서 현실 상실뿐만 아니라 현실 대체의 문제 또한 고찰해야 하는 것이다.

'신기한 글쓰기 판'에 대한 소고

(1925/1924)

프로이트가 아브라함에게 보낸 1924년 11월 28일의 미출간 편지에서 이 글을 검토하고 있다고 말한 것으로 보아, 이 글은 1924년 가을에 쓰였을 것이다(Jones, 1962b, S. 145). 의식, 전의식 그리고 지각-의식 체계에 관한 날카롭고 통찰력 있는 설명을 프로이트에게 제공한 신기한 이 작은 도구는 마분지나 인조 물질로 만들어지는데, 문방구나 장난감 상점에서 구입할 수 있다. 독자가 이 신기한 글쓰기 판을 손에 넣어 사용해 본 경험이 있다면 프로이트의 이 글은 쉽게 이해될 것이다.

'신기한 글쓰기 판'에
대한 소고

신경증자는 눈에 띌 정도로 그러하고, 정상인들도 그럴 만한 이유를 갖고 있지만, 내가 나의 기억을 믿을 수 없다면, 나는 기록을 함으로써 기억의 기능을 보완하고 확실히 할 수 있다. 이러한 기억을 보관하는 평면, 글쓰기 판이나 종이는 말하자면, 그것이 없다면 눈으로 볼 수 없는 나의 기억장치의 물질화된 조각인 것이다. 내가 그렇게 고정된 '기억'이 어디에 저장되어 있는지 그 장소를 알 수만 있다면 나는 언제든 원하는 대로 그 기억을 '재생'할 수 있으며, 그것이 변하지 않았으며, 따라서 (나의 기억 속에서 종종 발생했을) 왜곡으로부터 면제되었다고 확신한다.

내가 기억기능을 개선하기 위해 이러한 기술(技術)을 풍부하게 사용하기를 원한다면, 나는 두 가지 상이한 절차를 활용할 수 있음을 안다. 첫째, 그곳에 쓰인 메모를 아주 오랫동안 훼손하지 않고 보관하는 필기 평면, 즉 종이를 선택할 수 있다. 이로써 나는 영구적인 '기억흔적들'을 소유한 셈이 된다. 이러한 절차의 단점은 필기 평면의 수용 능력이 곧 소진된다는 것이다. 종이가 꽉 차 새롭게 글을 쓸 수 있는 공간이 없어서 나는 다른 아무것도 쓰이지 않은 종이를 사용해야 한다. '지속적인 흔적'을 제공해 준다는 이러한 절차의 장점은, 어느 정도 시간이 지난 후 메모에 대한 관심이 사라지고, 더 이상 그것을 '기억 속에' 보존하고 싶지 않을 때 나를 위한 가치를 상실한다. 다른 절차는 이 두 가지 결함으로부터 자유롭다. 예를 들어 내가 분필로 칠판 위에 쓴다면, 나는 수용 능력이 무한하게 긴 [평면] 그러나 내가 그 기록들에 더 이상 관심이 없을 때 서판을 버릴 필요 없이 그 위에 쓰인 것을 없앨 수 있는 평면을 갖게 된 것이다. 내가 새로운 메모를 서판 위에 쓰고 싶다면, 나는 그 서판을 덮고 있는 메모들을 지워야 한다.

따라서 우리가 기억을 대신해 사용하는 그 장치에서는 무한한 수용 능력과 지속적 흔적의 보존이 서로 배제하는 것처럼 보인

다. [기록을] 수용하는 평면을 없애든가, 아니면 기록을 없애 버려
야 한다.

우리가 감각기능의 개선 또는 강화를 위해 발명한 보조기구들
―안경, 카메라, 보청기 등― 은 모두 감각 기관 그 자체 또는 그
것의 부분처럼 만들어졌다.[78] 이러한 척도에 따른다면, 우리의
기억을 위한 보조장치들은 특히 결함이 많은 것처럼 보인다. 우
리의 심리장치는 정확히 이 보조장치들이 할 수 없는 일을 행하
기 때문이다. 심리장치는 항상 새로운 지각들을 무제한으로 받
아들일 수 있는 능력을 갖고 있지만, 그 지각들에 대한 지속적
인 ―불변하는 것은 아닐지라도― 기억흔적을 만들어 낸다. 나
는 이미 『꿈의 해석』에서 이러한 비범한 능력을 두 개의 상이한
체계 ―심리장치의 기관들― 의 작용으로 분할할 수 있다고 추
정한 바 있다.[79] 우리는 지각들을 받아들이지만 그것들에 대한
지속적 흔적을 보존하지는 않는 지각-의식 체계를 소유하고 있
을 것이다. 따라서 그것은 아무것도 쓰이지 않은 종이처럼 모

---

[78] 이러한 생각은 「문화 속의 불편함」(1930a) 3장에서 계속 언급된다. ―편집자주

[79] *SA*, Bd. 2, S. 516. 프로이트가 「쾌락원칙을 넘어서」(1920g)(3권 68쪽 그리고 각주 55)에
서 언급하듯이 이러한 세부적 구분은 『히스테리 연구』에서 브로이어의 이론적 기
여를 통해 수행되었다(1895, 문고판, S. 152, 각주 2). ―편집자주

든 새로운 지각에 대해 행동할 수 있다. 받아들인 자극들의 지속적 혼적은 그 뒤에 놓여 있는 '기억 체계들'에서 생겨난다. 후에[80] 나는 의식이라는 설명 불가능한 현상은 지속적 혼적 대신에 (an Stelle) 지각 체계에서 발생한다는 언급을 덧붙인 바 있다(3권 69쪽).

얼마 전에 신기한 글쓰기 판(Wunderblock)이라는 이름의 작은 기구가 상점에 나왔다. 그것은 종이나 칠판보다 더 많은 일을 할 수 있다고 공언되었다. 그것은 거기에 쓴 글들을 손쉽게 제거할 수 있는 서판에 불과하다. 그러나 더 자세히 들여다보면 우리는 그것의 구성이 우리의 지각장치에 대해 내가 가정한 구조와 일치한다는 것을 발견한다. 그리고 우리는 그것이 실제로 두 가지 모두 —계속 확대될 수 있는 수용 표면과, 받아들인 기록의 지속적 혼적— 를 제공해 줄 수 있음을 확신하게 된다.

신기한 글쓰기 판은 어두운 갈색 송진 또는 밀랍 덩어리로 만들어진, 종이 테두리가 있는 판이다. 그 위에는 얇고 투명한 종이가 놓여 있는데, 그 종이의 위쪽 끝부분은 밀랍판에 고정되어 있고 아래쪽은 고정되지 않고 그 위에 놓여 있다. 이 종이가 이

작은 장치의 더 흥미로운 부분이다. 그것도 두 층으로 이루어져 있는데, 두 개의 가로 가장자리를 제외하고는 서로 분리될 수 있다. 위층은 투명한 셀룰로이드이고, 아래층은 얇고 투명한 밀랍 종이다. 그 장치를 사용하지 않을 때는 밀랍 종이의 아랫부분은 밀랍판의 윗부분에 가볍게 붙어 있다.

신기한 글쓰기 판을 사용하는 방법은 밀랍판을 덮는 종이의 셀룰로이드에 글을 쓰는 것이다. 이를 위해 연필이나 분필이 필요하지는 않다. 물질이 서판 표면에 전달됨으로써 글쓰기가 가능해지는 것이 아니기 때문이다. 신기한 글쓰기 판은 옛날 사람들이 진흙판이나 밀랍판 위에 글씨를 쓰던 방식으로 되돌아간 것이다. 뾰족한 철필로 표면을 긁으면, 파인 부분이 '글자'가 된다. 신기한 글쓰기 판에서는 글자를 긁어서 새겨 넣는 것이 직접적으로가 아니라 서판 위에 놓여 있는 종이를 매개로 이루어진다. 철필은 그것[철필]이 닿는 장소에서 밀랍 종이의 아래 표면을 밀랍판을 향해 누른다. 그러면 이 파인 홈이 셀룰로이드의 평소에는 매끄러운 회백색 표면에서 어두운 글씨로 보이게 된다. 글씨를 지우고 싶으면, [두 장으로] 구성된 이 덮개 종이를 아래쪽 가장자리로부터 시작해서 가볍게 밀랍판에서 떼어 내는 것으로 충분하다.[81] 긁힌 장소에서 밀랍 종이와 밀랍판이 접촉하기 때문에 글자를 볼 수 있었는데, [종이를 떼어 내면] 그러한 접촉이 해소된다. 그러고 나면 그 둘이 서로 다시 접촉해도 글자가 보이지 않는다. 신기한 글쓰기 판에는 이제 글자가 없고, [그것은] 새로운 기록을 받아들일 준비가 되었다.

이 기구의 사소한 결함은 물론 우리에게 중요하지 않다. 우리는 그 기구가 심리의 지각장치구조와 유사하다는 점을 추적하고 있기 때문이다.

신기한 글쓰기 판에 글자를 쓰는 동안 셀룰로이드판을 밀랍 종이로부터 조심스럽게 떼어 내면 밀랍 종이의 표면에서 글자가 또렷이 보이며, 따라서 우리는 셀룰로이드판이 도대체 왜 필요한지 의문을 갖게 된다. 실험은 사람들이 철필로 얇은 종이에 직접 쓰면 종이가 아주 쉽게 접히거나 찢어질 수 있다는 것을 보여 준다. 그렇다면 셀룰로이드판은 밀랍 종이를 위한 보호막 —외부에서 오는 해로운 영향을 막아 주어야 하는 보호막— 인 것이다. 셀룰로이드는 '자극[에 대한] 보호방패(Reizschutz)'이다. 여기에서 나는 「쾌락원칙을 넘어서」에서 우리의 심리의 지각장치는

---

81 덮개 종이를 밀랍판으로부터 떼어 내는 방법은 오늘날의 '신기한 글쓰기 판'의 경우에는 약간 다르다. 그러나 원칙적으로는 변한 것이 없다. —편집자주

두 개의 층으로 구성되어 있다고 서술한 바 있음을 상기시키고자 한다. 도달하는 자극의 크기를 감소시키는 역할을 해야 하는 외적인 '자극 보호방패'와, 그 배후에 있는 자극 수용 표면, 즉 지각-의식 체계가 그것이다.

이러한 유비는 우리가 그것을 더 깊이 추적하지 않으면 별다른 가치를 갖지 못할 것이다. 덮개 종이 전체 ―셀룰로이드와 밀랍 종이― 를 밀랍판에서 떼어 내면 글자는 사라지고, 앞서 언급했듯이 후에 다시 나타나지 않는다. 신기한 글쓰기 판에는 기록이 없고 이제 다시 [다른 기록을] 받아들일 수 있게 된다. 그러나 우리는 밀랍판 위에 쓰인 기록의 영구적 흔적 그 자체는 보존되며 적당히 조명을 비추면 그것을 읽을 수 있다는 사실을 확인할 수 있다. 글쓰기 판은 칠판처럼 항상 새롭게 사용할 수 있는 수용 표면뿐만 아니라, 보통의 종이 묶음처럼 기록의 영구적 흔적을 제공해 준다. 글쓰기 판은 이러한 두 기능을 통합해야 하는 문제를 해결한다. 이 두 기능을 별개의, 그러나 서로 결합된 두 개의 구성 부분 ―체계들― 에 배분함으로써 말이다. 바로 그것이 내가 앞서 가정했듯이 우리의 심리장치가 지각기능을 해결하는 방식과 동일한 방식인 것이다. 자극 수용층 ―지각-의식 체계― 은 지속적 흔적을 형성하지 않으며, 기억의 기반은 그것에 인접해 있는 다른 체계들 속에서 형성된다.

글쓰기 판에 수용된 기록의 영구적 흔적을 사용할 수 없다는 사실에 우리가 당황스러워할 필요는 없다. 그것들이 존재한다는 사실만으로 충분하다. 그러한 보조장치와 그것의 전형이 되는 기관[심리장치]의 유사성은 어디에선가 끝날 수밖에 없다. 글쓰기 판은 한번 소멸된 글자를 내부로부터 다시 '재생'할 수 없다. 만약 그것이 우리의 기억처럼 소멸된 글자를 완전히 불러낼 수 있다면, 그것은 정말로 신기한[기적의][82] 글쓰기 판이 될 것이다. 그러나 어쨌든, 셀룰로이드와 밀랍 종이로 구성된 덮개를 지각-의식 체계 및 그것의 자극 보호방패[기능]와 동일한 것으로, 그리고 밀랍판을 그 지각-의식의 배후에 있는 무의식과 동일한 것으로, 그리고 글자가 보이는 것과 사라지는 것을 지각 행위를 할 때의 의식의 활성화 및 사라짐과 동일한 것으로 볼 수 있다는 주장이 과도한 것은 아니라고 할 수 있다.

글쓰기 판에서 글자는 자극을 받아들이는 종이와 인상을 보존하는 밀랍판의 접촉이 제거될 때 항상 사라진다. 이는 내가 심리

---

[82] '신기한 글쓰기 판'이라는 독일어 표현은 'Wunderblock'으로, 직역하면 '기적의 글쓰기 판'이라는 뜻이다.

의 지각장치의 기능방식에 대해 오랫동안 해 왔던, 그러나 지금까지 마음속에만 갖고 있었던 생각과 일치한다.[83] 나는 점령 [에너지의] 신경 감응(Besetzungsinnervation)이 빠르고 주기적으로 내부에서 완전히 투명한 지각-의식 체계로 보내졌다가 다시 철회한다고 가정했다. 체계가 그러한 방식으로 점령되어 있다면, 그 체계는 의식을 동반하는 지각을 받아들이고 그 자극을 계속해서 무의식적 기억 체계들로 인도한다. 점령이 철회되자마자 의식은 소멸하고 그 체계는 정지한다.[84] 마치 무의식이 지각-의식 체계를 매개로 외부세계에 더듬이를 내보냈다가 빨리 철회하는 것 같다고 말할 수 있다. 나는 단절이 글쓰기 판에서는 외부로부터 오지만, [심리장치의 경우에는] 신경감응 흐름의 비연속성에 의해 형성된다고 생각한다. [글쓰기 판에서는] 실제적인 접촉의 제거를 통해 단절이 발생하지만, [심리장치에서는] 내 가정에 따르면 주

---

[83] 하지만 프로이트는 이미 「쾌락원칙을 넘어서」에서 이러한 생각에 대해 언급한 바 있다(3권 71쪽 이하 참조). 그는 「부정」(1925h)의 끝부분에서 그 생각에 대해 다시 언급했다(이 책의 133~134쪽). 그러나 이러한 생각은 1895년의 『[심리학] 초안』(1950a/1895) 1부 19절('일차과정들—잠과 꿈')의 결론부에서 맹아적 형태로 이미 등장했다. —편집자주

[84] 이는 '점령되지 않은 체계들은 자극될 수 없다는 원칙'과 일치한다. 이에 대해서는 「꿈 이론에 대한 메타심리학적 보충」(1917d) 참조(이 책의 23쪽 각주 14). —편집자주

기적으로 등장하는, 지각 체계의 비흥분성에 의해 단절이 발생한다. 더 나아가 나는 지각-의식 체계의 이러한 비연속적 작업 방식이 시간표상 형성의 근거에 놓여 있다고 추측한다.

한 손으로 신기한 글쓰기 판의 표면에 글을 쓰고 있고, 다른 손으로 주기적으로 덮개 종이를 밀랍판으로부터 떼어 내고 있다고 생각해 보자. 바로 그러한 상황이 내가 심리의 지각장치의 기능이라고 생각하는 것을 구체화한 것이다.[85]

---

[85] 이러한 생각은 「쾌락원칙을 넘어서」(3권 74~75쪽)에서도 제시되며 「무의식」(1915e)에서도 이미 발견된다(1권 174~177쪽). 그것은 「부정」에서도(이 책의 133~134쪽) 다시 한 번 언급된다. 여기에서 프로이트는 더듬이를 내보내는 역할을 자아가 담당한다고 말한다. —편집자주

부
정

(1925)

______

편집자 서론

우리는 존스(1962b, S. 145)에서 이 글이 1925년 7월에 집필되었다는 것을 읽을 수 있다. 1925년 「도라 사례」(1905e)에 추가된 각주에서(*SA*, Bd. 6, S. 131) 볼 수 있듯이, 프로이트는 이미 일정 시간 동안 이 주제[부정]에 몰두했음이 분명하다. 이 글은 프로이트의 가장 짧고 조밀한 글 중 하나이다. 그는 우선 메타심리학의 특수한 문제를 다루지만, 도입과 결론 부분에서 기술(技術)의 문제에 관해서도 논의한다. 각주에서 언급하는 참고문헌들을 통해 우리는 이 논문이 다루고 있는 두 측면이 이미 오랜 전사(前史)를 갖고 있다는 것을 알 수 있다.

부정

우리의 환자들이 분석 작업 동안에 떠오르는 생각들을 꺼내는 방식은 우리에게 몇 가지 흥미로운 관찰을 할 수 있는 계기를 제공한다. "내가 모욕적인 어떤 말을 하려 한다고 당신은 이제 생각할 것입니다. 그러나 나는 실제로 그럴 의도가 없습니다." 우리는 이 말이, 막 떠오르는 생각들을 투사를 통해 거부하는 것임을 알고 있다. 또는 "당신은 꿈속의 이 사람이 누구냐고 묻습니다. 그 사람은 어머니가 아닙니다." 우리는 [이 문장을] 이렇게 교정할 수 있다. "그러므로 그 사람은 어머니입니다." 해석을 함에 있어 우리는 자유롭게, 부정[이라는 주제]을 논외로 하고, 떠오르는 생각의 풍부한 내용을 자유롭게 끄집어낼 수 있다. 즉 마치 환자는 다음과 같이 말하는 듯하다는 것이다. "이 사람과 관련해 나는 어머니가 떠올랐지만 이 떠오른 생각을 타당한 것으로 만들고 싶은 마음이 없습니다."[86]

때때로 사람들은 무의식적인 억압된 것에 관한, 우리가 찾던 설명을 아주 편한 방법으로 얻을 수 있다. 사람들은 질문한다. "당신은 그 상황에서 가장 있을 법하지 않은 일이 무엇이라고 생각합니까?" "그 당시 당신[의 생각]으로부터 가장 멀리 떨어져 있었던 것이 무엇이라고 생각합니까?" 환자가 덫에 걸려서 그가 가장 믿을 수 없는 것을 말한다면, 그는 이로써 거의 항상 올바른 것을 고백하는 셈이 된다. 이러한 실험에 대한 멋진 대응물이 자신의 증상에 대해 이미 이해할 수 있게 된 강박증자에게서 종종 등장한다. "새로운 강박관념이 생겼어요. 그것이 이러한 의미를 갖는다는 생각이 즉시 떠올랐습니다. 그러나 그것은 사실일 리가 없어요. 그렇지 않다면 그것은 내게 떠오를 수 없었을 것입니다." 그가 치료를 통해 배운 이러한 근거로써 거부하는 것

---

86 프로이트는 특히 「쥐인간 사례」(1909d, *SA*, Bd. 7, S. 55~56 각주)에서 이미 이것에 관해 주의를 환기한 바 있다. —편집자주

은 물론 새로운 강박관념의 올바른 의미다.

　이렇듯 억압된 표상이나 생각의 내용은 **부정된다는** 조건하에서 의식으로 뚫고 들어올 수 있다. 부정은 억압된 것을 알아차리는 하나의 방법이다. 그것은 이미 억압의 제거(Aufhebung)이지만, 물론 억압된 것을 받아들이는 것은 아니다. 우리는 어떻게 여기에서 지적 과정이 정동적(affektiv) 과정과 구분되는지 알 수 있다. 부정의 도움으로 억압 과정의 하나의 결과만이 취소된다. 즉, 표상의 내용이 의식에 도달하지 못한다는 것이다. 이로부터 억압된 것을 일종의 지적인 방식으로 받아들이는 것이 가능해진다. 그러나 억압된 것의 본질적인 부분은 계속 유지된다.[87] 분석 작업이 진행되는 동안 종종 우리는 대단히 낯선, 그러나 매우 중요한 변형된 사례를 접하게 된다. 우리는 또한 부정을 정복하고 억압된 것을 완전히 지적으로 받아들이는 데 성공한다. 그러나 이

---

[87] 동일한 과정이 '소환하기(Berufen)'라는 유명한 과정의 근거에 놓여 있다. "내가 오랫동안 편두통을 앓지 않았으니 얼마나 좋은 일인가!" 하지만 이 말은 편두통이 엄습하리라는 것에 대한 최초의 예고이다. 그는 믿고 싶지는 않지만 편두통이 곧 다가오리라는 것을 느끼고 있는 것이다. ―원주
프로이트는 자신의 최초의 환자 중 하나인 체실리 부인에 의해 이러한 설명에 주목하게 되었다. 또한 프로이트의 사례보고 중 첫 번째 것인 「에미 폰 N 부인 사례」(『히스테리 연구』, 1895d)에 있는 긴 각주 ―5월 18일이라는 표기에 이어서 나옴― 를 참고. ―편집자주

로써 억압 과정이 아직 제거된 것은 아니다.

사고 내용을 긍정하거나 부정하는 것이 지적 판단기능의 과제이므로 지금까지 우리가 언급한 말들은 이러한 기능의 심리적 근원으로 우리를 이끌어 간다. 판단에서 어떤 것을 부정한다는 것은 근본적으로 다음을 의미한다. "그것은 내가 가장 억압하고 싶은 것입니다." 부정적 판단은 억압의 지적 대체물이다.[88] 그것[부정적 판단]의 '아니오'는 그것의 기념 표지이며, '독일산'과 같은 원산지 증명서이다. 부정의 상징을 통해서 사고(하기)는 억압의 제약으로부터 자유로워지며, 자신의 활동을 위해 반드시 필요로 하는 [사고의] 내용을 풍부하게 만든다.

판단기능은 본질적으로 두 가지 결정을 내려야 한다. [한편으로] 그것은 사물에 하나의 속성을 부여하거나 박탈해야 한다. [다른 한편으로] 그것은 어떤 표상이 현실 속에 존재한다는 것을 인정하거나 반박해야 한다.[89] 결정되어야 할 속성이란 원래 좋거나 나쁜 것, 유용하거나 해로운 것이었을 것이다. 이를 가장 오래된, 구순적 충동자극의 언어로 표현하면 다음과 같다. "나는 그것을

------

[88] 이러한 사고는 특히 「심리적 사건의 두 원칙에 관한 정식화」(1911b)에도 등장한다. 다른 참고문헌은 그 글에 붙인 편집자 각주 참조(3권 18쪽 각주 10). —편집자주
[89] 이는 이 책의 131쪽 이하에서 더 자세히 논의된다. —편집자주

먹고 싶다. 또는 나는 그것을 뱉고 싶다." 좀 더 나아간 언어로는
"나는 그것을 내 속으로 집어넣고 싶다. 나는 그것을 내 밖으로
몰아내고 싶다"라고 말할 수 있다. 따라서 "그것은 내 속에, 또는
나의 바깥에 있어야 한다." 원초적 쾌락자아(Lust-Ich)는 내가 다
른 곳에서 언급했듯이 좋은 것은 모두 자신 속으로 내사하고, 나
쁜 것은 모두 자신으로부터 축출하고자 한다. 나쁜 것, 낯선 것,
바깥에 있는 것은 자아에게는 일단 [모두] 동일한 것이다.[90]

　판단기능이 결정해야 할 다른 것은 표상된 사물의 실제적 존
재에 관한 것인데(현실 검사), 이는 최초의 쾌락자아로부터 발전
한 최종적 현실자아(endgültigen Real-Ich)의 관심사이다. 이제 중
요한 것은 지각된 어떤 것(사물)을 자아 속으로 받아들여야 하는
가 그렇지 않은가가 아니라, 자아 속에 표상으로 존재하는 어떤
것이 지각(현실) 속에도 다시 발견될 수 있는가이다. 알다시피 이
는 다시금 외부와 내부의 문제이다. 비현실적인 것, 단지 표상되
기만 한 것, 주관적인 것은 이제 내부에 있다. 그러나 다른 것,
즉 현실적인 것은 외부에도 존재한다. 이러한 발달[과정]에서 쾌

90　이에 대해서는 「충동들과 충동의 운명들」에서의 설명을 참조(1권 84~85쪽). ―원주
　　프로이트는 「문화 속의 불편함」(1930a, *SA*, Bd. 9, S. 200)에서 다시 한번 이 문제에 대
　　해 논의한다. ―편집자주

락원칙에 대한 고려는 옆으로 밀려난다. 경험은 사물(만족의 대상)이 '좋은' 속성을 소유하고 있는가 ―즉 그것을 받아들일 가치가 있는가― 뿐만 아니라 그것이 외부세계에 실제로 존재하며, 따라서 필요할 때 그것을 차지할 수 있는가도 중요하다는 것을 가르쳐 주었다. 이러한 진전을 이해하기 위해서는 모든 표상이 지각으로부터 나오며, 지각의 반복이라는 것을 기억해야 한다. 처음에는 표상이 존재한다는 것 자체가 이미 표상된 것이 현실 속에 존재한다는 것을 보증했다. 주관적인 것과 객관적인 것 사이의 대립은 처음부터 존재한 것이 아니다. 그 대립은 사고가 한번 지각된 것을 재생산을 통해 표상 속에 다시 현존하도록 만드는 능력을 소유하게 됨으로써 비로소 생겨난다. 이때 대상은 더이상 외부에 존재할 필요가 없다. 따라서 현실 검사의 최초의 우선적인 목표는 표상된 것에 상응하는 대상을 실제적 지각 속에서 발견하는 것이 아니라 그것을 재발견하고, 그것이 여전히 존재한다는 것을 자신에게 확신시키는 것이다.[91] 사고력의 또 다른

---

[91] 여기에서 언급되고 있는 것 중 많은 것이 이미 『꿈의 해석』(1900a, *SA*, Bd. 2, S. 538~540), 그리고 특히 1895년의 『[심리학] 초안』 1부 6절('인식과 재생적 사고')에서 암시되었다. 여기에서 다시 발견되어야 할 대상은 어머니의 가슴이다. 또한 『성욕에 관한 세 편의 논문』(1905d) 5절에서의 유사한 맥락에 나오는 다음 문장을 참조(*SA*, Bd. 5, S. 126). "대상 발견은 원래 재발견이다." ―편집자주

능력은 주관적인 것과 객체적인 것 사이의 분열이 더욱 진전하는 데 기여한다. 표상 속에서 지각을 재생산하는 것이 항상 충실하게 지각을 반복하는 것은 아니다. 재생산은 생략을 통해 수정될 수 있고, 상이한 요소들의 융합을 통해 변화될 수 있다. 그렇다면 현실 검사가 해야 하는 일은 이러한 왜곡이 어느 정도에 달하는지 검토하는 것이다. 그러나 우리는 한때 만족을 가져다주었던 대상들이 상실되었다는 것이 현실 검사의 착수를 위한 조건이라고 생각한다.

판단한다는 것은 운동 행위의 선택에 대해 결정하고, 사고의 연기[사고에 의한 행동의 연기]를 끝내고, 사고로부터 행동으로 인도하는 지적인 행동이다. 나는 이미 다른 곳에서 사고의 연기에 대해서도 다룬 적이 있다.[92] 사고의 연기는 실험적 행동, 즉 적

---

[92] 프로이트는 이 중요한 논점을 수차례 반복해 언급했다. 「심리적 사건의 두 원칙에 관한 정식화」 참조(3권 18-19쪽). 이 글에서 프로이트가 참조하는 더 이전의 문헌들에 대한 언급을 볼 수 있다. 이 개념에 대한 더 나중의 언급은 「무의식」(1915e)(1권 175~176쪽)과 「자아와 이드」(1923b)(2권 160쪽)에서 찾아볼 수 있다. 「부정」이 출간된 이후 『새로운 정신분석 강의』(1933a)의 서른두 번째 강의에서 그러한 사고가 등장하며, 끝으로 『정신분석 개요』(1940a/1938) 8장에도 등장한다. 덧붙여 말하면 판단하기에 관한 문제 전체가 이미 상세하게, 그리고 여기에서 제시된 것과 동일한 의미로 1895년의 『심리학 초안』 1부에서 '인식과 재생적 사고', 그리고 '기억과 판단', '사고와 현실'이라는 제목의 절들 속에서 다루어졌다. ―편집자주

은 양의 발산 [에너지] 지출을 동반하면서 손으로 더듬는 운동으로 간주될 수 있다. 자아가 전에 어디에서 그러한 모색운동을 행했는지, 그리고 그것[자아]이 지금 사고 과정들에 적용하는 그러한 기술을 어느 장소에서 배웠는지 기억해 보자. 그것은 감각적 지각 행위를 할 때 심리장치의 감각 말단에서 발생했다. 우리의 가정에 따르면 지각은 순수하게 수동적인 과정이 아니다. 자아는 주기적으로 지각 체계에 작은 점령 [에너지] 양을 보내며, 이 점령 [에너지] 양을 통해 외부의 자극을 맛본다. 그리고 이러한 더듬는 행위를 한 후에 다시 자신 속으로 되돌아온다.[93]

판단에 대한 연구는 일차적 충동자극의 작용으로부터, 아마도 최초로 지적 기능의 발생에 대한 통찰력을 열어 주었다. 판단한다는 것은 쾌락원칙에 따라 자아 속으로 받아들이는 것 또는 자아 밖으로 축출하는 원래의 행위를 합목적적으로 발전시키는 것이다. 이것[원래적 행위]들의 양극성은 우리가 가정한 충동의 두 집단에 상응하는 것 같다. (결합의 대체물로서) 긍정은 에로스에 속하고, (축출의 후계자로서) 부정은 파괴충동에 속한다. 많은 정신병

---

93 「농담과 그것의 무의식과의 관계」(1905c) 7장에서의 언급을 참조(*SA*, Bd. 4, S. 163 각주). —편집자주

자의 부정주의, 즉 부정을 통해 얻는 일반적 쾌락은 리비도적 구
성요소들의 탈락을 통해 충동분리가 발생했다는 표지라고 이해
할 수 있다.[94] 부정의 상징을 창조함으로써 사고가 억압의 결과
로부터, 따라서 또한 쾌락원칙의 강박으로부터 독립할 수 있게
될 때에만 판단기능의 활동이 가능해진다.

우리가 분석 작업을 할 때 무의식에서 '아니오'를 발견할 수 없
다는 사실, 그리고 자아 편에서 무의식을 인정하는 것이 부정적
공식을 통해 표현된다는 사실은 부정을 앞서 언급한 방식으로
파악하는 것과 아주 잘 부합한다. 피분석자가 "나는 그 생각을
하지 않았어요" 또는 "나는 그것에 대해서 결코 생각해 본 적이
없어요"라는 말로써 반응할 때, 무의식을 발견했다는 가장 강력
한 증거가 주어진 것이다.[95]

---

[94] 「도라 사례」(1905e)에 추가한 1923년의 각주(*SA*, Bd. 6, S. 131)에서 프로이트는 거의
동일한 단어로 이 점을 확인했다. —편집자주

[95] 「분석에서의 구성」(1937d)이라는 후기의 글에서(*SA*, 별책, S. 401) 그는 다시 한번 이것
에 대해 논의한다. —편집자주

절편음란증(물신주의)

(1927)

이 논문은 1927년 8월 첫 주말에 완성되었고(Jones, 1962b, S. 167), 같은 해 가을에 『연감 1928』과 1927년 『국제 정신분석잡지』의 마지막 권에 거의 동시에 출간되었다.

『성욕에 관한 세 편의 논문』(1905d)에서 절편음란증에 관한 가장 초기의 설명이 등장하며(SA, Bd. 5, S. 63~65), 프로이트는 다음과 같이 썼다. "병리적 현상과 관련 있는, 성충동의 이러한 변형 형태[절편음란증]보다 우리의 관심을 더 많이 끈 것은 없다." 그리고 실제로 그는 여러 차례에 걸쳐 이것에 대해 논의했다. 저 최초의 설명에서 프로이트는 다음과 같이 확정하는 것 이상으로 나아가지는 못했다. "절편음란물(Fetisch, 물신)을 선택할 때, 주로 초기 유아기에 받은 성적 인상의 지속적인 영향이 드러난다." 조금 후에 작성한 그라비다(Gravida)에 관한 글(1907a)에서 발 절편음란증에 관해 개략적으로 언급했을 때에도 프로이트는 절편음란증에 관한 연구를 초기의 연구 상태로 놔두었다. 이 주제에 관한 다음 논의는 1909년 2월 24일, 빈 정신분석학회에서 행한 강연, '절편음란증의 발생에 관하여'에서 발견된다(Jones, 1962a, S. 351). 당시 프로이트는 「쥐인간 사례」(1909d)를 막 출간할 준비를 하고 있었으며, 이 글에서 새로운 관점 ―절편음란증의 후각 쾌락과의 연관성(SA, Bd. 7, S. 102)― 을 언급한다. 그리고 프로이트는 자신이 『성욕에 관한 세 편의 논문』의 2판(1910)에 추가한 각주(SA, Bd. 5, S. 65 각주 2)에서 이에 대해 더 상세히 언급했다. 확대된, 더욱 중요한 연결[이론적 연관성]이 곧이어서 그에게 떠올랐음에 틀림없다. 앞서 언급한 주석은 절편음란물이 여자의 부재하는 남근 ―유아의 성 이론에서 매우 중요한 역할을 수행하는― 을 대체한다는 주장을 최초로 제시하기 때문이다. 그는 바로 그 직전에 이러한 이론들에 대해 작업했다(1908c, SA, Bd. 5, S. 176~178). 절편음란물에 대한 이러한 새로운 설명은 『성욕에 관한 세 편의 논문』에 앞서 언급한 바 있는 각주가 추가된 직후 출간된 레오나르도에 관한 연구(1910c, *SA*, Bd. 10, S. 122)에서도 인용되었다(이 책의 145쪽 각주 98 참조).

몇 해 후 (이 글 「절편음란증(물신주의)」 149쪽에서 언급하는) 발 절편음란증의 기원이라는 특수한 문제가 프로이트의 관심을 사로잡았다. 1914년 3월 11일, 그는 다시 한번 빈 정신분석학회에서 '발 절편음란증'이라는 제목으로 강연했다. 이것이 출간되지는 않았지만, 다행스럽게도 우리는 어니스트 존스의 요약을 갖고 있다(1962a, S. 362~363). 프로이트는 1915년의 『성욕에 관한 세 편의 논문』 3판을 계기로, 위에서 언급한 각주에 대한 추가적 보충으로, 절편음란물로서 발을 선택하는 것에 대한 설명 ─당시 프로이트는 아래에서 여자의 성기를 보는 과정에서 발 절편음란물이 생긴다는 설명에 도달할 수 있었다─ 을 출간했다. 프로이트는 『정신분석 입문 강의』(1916~1917)의 스물두 번째 강의에서 유사한 사례에 대해 짧게 언급한 바 있다(*SA*, Bd. 1, S. 341~342). 이 글 「절편음란증(물신주의)」은 절편음란증에 대한 프로이트의 옛 견해들을 요약하고 확장하지만, 그것들의 주요 관심사를 완전히 새로운 방향 속에, 즉 이 글에서 도입하는 새로운 메타심리학적 사고 과정 속에 위치시킨다는 점에서 중요하다. 이미 몇 해 전부터 프로이트는 '부인' 개념을 특히 해부학적 성차이에 대한 어린아이의 관찰과 관련해 사용해 왔다.[96] 이제 그는 「절편음란증(물신주의)」에서 새로운 임상적 관찰에 근거해 '부인'은 주체의 자아 속에서의 분열을 함축함에 틀림없다는 가정에 대한 근거들을 제시한다. 생애 말년에 프로이트는 유작으로 출간된 미완성의 「방어 과정에서의 자아분열」(1940e/1938, 이 책의 161쪽 이하에 수록)에서, 그리고 『정신분석 개요』(1940a/1938) 8장의 마지막 문단들에서 이 질문에 대해 다시 한번 논의하며 그것을 확장시킨다. 이 두 저작에서는 특히 절편음란증에 대해 논의하지만, 프로이트는 이 '자아분열'을 절편음란증만의 특징이 아니라 사실상 많은 다른 상황 —자아가 방어를 구축해야 할 필요성에 직면하는 상황들— 에서 접할 수 있다는 사실, 그리고 자아분열은 부인에서뿐만 아니라 억압에서도 등장한다는 사실을 강조한다.[97]

---

[96] 예를 들면 명시적으로 이 주제에 대해 논의한 글로는 「해부학적 성차이의 몇몇 심리적 결과」(1925j), 그리고 좀 이전의 글인 「유아의 생식기 조직화」(1923e), 「마조히즘의 경제적 문제」(1924c), 「신경증과 정신병에서의 현실 상실」(1924e)이 있다. —편집자주

[97] 프로이트가 1896년 1월 1일에 플리스에게 보낸 개요(Freud, 1950a, 원고 K)에서 도식의 형태로 이러한 생각들의 단초를 제시하고 있음을 우리는 발견하는데, 이는 아주 공허한 일이 아니다. 거기에서 프로이트는 '방어 신경증들'의 마지막 단계 —자아의 잘못된 발달 또는 '자아의 변화'를 동반하는 마지막 단계— 에 대해 언급한다. 이와 유사한 논의들을 심지어 더 이른 작업, 즉 방어 정신신경증에 관한 첫 번째 작업(1894a)의 3절에서도 찾아볼 수 있다. —편집자주

절편음란증(물신주의)

지난 몇 년간 나는 절편음란물 대상 선택에 의해 지배받는 다수의 남성을 분석적으로 연구할 기회가 있었다. 그러나 우리가 이 사람들이 절편음란물 때문에 분석을 받으러 왔다고 예상할 필요는 없다. 절편음란물 추종자들은 그것을 아주 정상적인 것이라고 생각하지, 고통스러운 증상으로 느끼는 경우는 거의 없기 때문이다. 이들은 절편음란물에 대해 아주 만족하거나, 또는 그것이 자신들의 사랑생활에 제공해 주는 편안함에 대해 찬미하기까지 한다. 따라서 일반적으로 절편음란물은 [분석 치료에서] 부수적으로 발견된 것이다.

절편음란물 사례의 세부적 사항은 명백한 이유 때문에 공개할 수 없다. 따라서 나는 어떻게 우연한 상황이 절편음란물의 선택에 기여하게 되었는지도 [상세하게] 보여 줄 수 없다. 가장 눈에 띄는 사례로, 한 젊은이가 '코 위의 광택(Glanz auf der Nase)'을 절편음란증의 조건으로 만든 사례가 있다. 그는 이에 대해 다음과 같은 놀라운 설명을 해 주었다. 그는 영국에서 어린 시절을 보냈고 후에 독일로 왔는데, 독일에서 자신의 모국어를 거의 완전히 잊어버렸다. 최초의 유아 시절로부터 유래하는 절편음란물은 독일어가 아니라 영어로 읽어야 한다. '코 위의 광택'은 원래 '코를 쳐다보기(glance)'를 의미했으며, 따라서 코가 남들이 모르는 절편음란물이 된 것이다. 그는 자기가 원할 때 그것을 광나게 했던 것이다.

분석을 통해 알게 된 절편음란물의 의미와 의도는 모든 경우에서 동일하다. 절편음란물의 의미와 의도는 자연스럽게 생겨난 것이며, 따라서 절편음란증의 모든 경우에 대해 일반적으로 동일한 해결책을 기대해도 좋을 것 같다는 생각이 강하게 들었다. 이제 내가 절편음란물은 남근의 대체물이라고 말한다면 분명히 실망을 불러일으킬 것이다. 그래서 급히 나는 임의의 남근이 아니라, 초기 유아 시절 동안에 커다란 의미를 갖고 있었지만 나중에는 상실되어 버린, 아주 특별하고 특정한 남근이라는 사실을 덧붙이고자 한다. 즉 그 특별한 남근은 정상적인 경우 포기되어야 하는데, 다름 아닌 절편음란물이 그 남근이 사라지지 않도록 보호해 주는 역할을 한다. 더 명확하게 말하면, 절편음란물은 여자(어머니)의 남근 ―작은 소년이 존재한다고 믿었고, 그래서 우리가 그 이유를 알고 있듯이 포기하고 싶지 않은 남근― 의 대체물이다.[98]

[절편음란물이 생겨나는] 과정은 다음과 같다. 소년은 여자가 남근을 소유하고 있지 않다는, 자신이 지각한 사실을 알기를 거부한다. 아니다. 그것은 사실일 리가 없다. 여자가 거세당했다면 그 자신의 남근도 위험하기 때문이다[라고 그는 생각한다]. 그리고 자연이 그 기관에 배려심 많게도 부여해 준 한 조각의 나르시시즘이 이에 반항한다. 아마 나중에 성인도 유사한 공포심, 즉 비명을 지를 것이고, 왕좌와 제단이 위험에 처한다는 공포심을 느낄 것이다. 이는 마찬가지로 비논리적인 결과를 초래한다. 내가 틀리지 않았다면, 라포르그(J. Laforgue)는 이 경우에 대해 소

---

[98] 나는 이미 1910년에 「레오나르도 다빈치의 아동기 기억」(1910c)이라는 나의 글에서 근거를 제시함 없이 이러한 해석을 출간했다(SA, Bd. 10, S. 122). ―원주
또한 편집자 서론 참조. ―편집자주

년이 여자에게 남근이 없음을 지각하는 것을 '암점화(暗點化)한다
(skotomisieren)'고 말할 것이다.[99] 새로운 용어는 그것이 새로운 상
황을 기술하거나 강조할 때 정당화된다. 그러나 여기에서는 그
렇지 않다. 우리의 정신분석 용어 중 오래된 것, 즉 '억압'이라는
단어가 이미 이러한 병리적 과정과 관련 있다. 우리가 이러한 병
리적 과정에서 표상의 운명과 정동의 운명을 날카롭게 구분하
고, 억압이라는 표현을 정동을 위해 유보한다면,[100] 표상의 운명
에는 '부인(Verleugnung)'이 적합한 독일어 명칭일 것이다.[101] '암점
화'는 특히 적절하지 않은 용어처럼 보이는데, 그것은 마치 지
각이 깨끗하게 지워졌다는 관념을 암시하기 때문이다. 시각 인
상이 망막의 암점에 놓여서 [해당 사물을 볼 수 없다는] 동일한 결
과[102]가 등장한다는 듯이 말이다. 그러나 이와 반대로 우리의 상
황은 지각이 건재하며, 부인을 유지하기 위해 매우 힘 넘치는

---

99 라포르그는 결코 이렇게 말하지 않을 것이라고 가정하고 있다는 말을 덧붙임으로
써 나는 스스로 이 말을 교정하고자 한다. ─원주

100 「억압」(1915c) 참조(1권 112~113쪽). ─편집자주

101 『정신분석 개요』 8장에서 프로이트는 억압과 부인이라는 표현의 적용을 다른 방식
으로 구분한다. "억압은 내부로부터 오는 충동의 요구들에 대한 방어와 관련되고,
부인은 외적 현실의 요구들에 대한 방어와 관련된다." ─편집자주

102 어떤 사물을 보지 못하듯이 여자의 남근 부재를 보지 못하는 결과가 나타난다는
의미.

(energetisch) 행동이 이루어지고 있다는 것을 보여 준다. 어린아이가 여자들을 관찰한 이후에도 여자가 남근을 갖고 있다는 믿음을 어떤 변화 없이 계속 유지하고 있다는 것은 사실이 아니다. 아이는 그 믿음을 유지하지만 그것을 포기하기도 한 것이다. 원치 않는 지각의 무게와 반대되는 소망의 강력함 사이의 갈등 속에서 아이는 타협, 즉 무의식적인 사고법칙들 ―일차과정들― 의 지배하에서만 가능한 타협에 도달했다. 그렇다. 그럼에도 여자는 [아이의] 심리 속에서 남근을 갖고 있다. 그러나 이 남근은 이전의 남근과는 다르다. 무언가 다른 것이 그것의 자리에 등장했다. 말하자면 그것의 대체물로 임명되었고, 이제 이전의 남근으로 향했던 관심을 이어받았다. 그러나 이러한 관심사는 특히 강해진다. 거세에 대한 혐오가 이러한 대체물을 만듦으로써 마치 기념물을 건립한 것처럼 되었기 때문이다. 절편음란증자가 아닌 사람들은 결코 동경하지 않는 실제적인 여성 성기에 대해 느끼는 낯선 느낌(Entfremdung)이 발생한 억압의 지울 수 없는 오점으로 계속 존재한다. 우리는 이제 절편음란물이 하는 일이 무엇인지, 그리고 무엇을 통해 그것이 유지될 수 있는지 조망할 수 있게 되었다. 그것은 거세위협에 대한 승리의 기호이며, 거세위협에 대한 보호(물)이다. 절편음란물은 절편음란증자들이 성적

대상으로서 견딜 수 있는 성격을 여자에게 부여함으로써, 그들이 동성애자가 되는 것을 막아 준다. 나중에 절편음란증자는 자신의 이 성기 대체물을 즐길 수 있다는 장점을 갖고 있다고 믿는다. 다른 사람들은 이 절편음란물의 의미를 모르기 때문에 그것을 거부하지 않는다. 절편음란물은 쉽게 접근 가능하며, 그것과 결합되어 있는 성적 만족을 편안하게 얻을 수 있다. 다른 남자들이 구애 과정을 통해 힘들게 얻는 것을 절편음란증자들은 힘들이지 않고 획득한다.

여자의 성기를 보았을 때, 아마도 모든 남자에게 거세공포가 생겨날 것이다. 왜 이러한 인상 때문에 어떤 사람들은 동성애자가 되고, 다른 사람들은 절편음란물의 창조를 통해 그것을 방어하며, 대부분의 사람들은 거세공포를 극복하는지 우리는 물론 설명할 수 없다. 함께 작용하는 많은 조건 중에서, 희귀한 병리적 결과를 발생시키는 결정적인 조건들을 우리는 알지 못하기 때문이다. 우리는 실제로 발생한 일을 설명할 수 있다면 그것으로 만족해야 하며, 왜 어떤 것이 발생하지 않았는가를 설명하는 과제는 잠정적으로, 우리의 과제가 아닌 것으로 간주하고자 한다.

없어진 여자의 남근에 대한 대체물로, 통상적으로도 남근을 상징하는 기관 또는 대상을 선택한다고 사람들이 예상하는 것은 당연한 일이다. 그런 대상을 선택하는 일은 충분히 자주 일어나는 일이지만, 이는 분명히 결정적인 것이 아니다. 절편음란물을 설정할 때 더 중요한 것은, 외상성 기억상실이 일어날 때 기억의 멈춤[기억이 멈추는 장면]을 상기시키는 과정을 포착하는 것 같다는 사실이다. 여기에서도 [절편음란증자의] 관심은 [끝까지 가지 않고] 중간에 머무르고 있는 것처럼 보인다. 말하자면 불안케 하는(unheimlich) 것, 외상적인 것이 발생하기 [직]전에 받은 마지막 인상이 절편음란물로 고정된다는 것이다. 소년 시절에 호기심으로 아래로부터, 즉 다리로부터 위쪽으로 여자의 성기를 몰래 쳐다보았던 경우에 발이나 신발을 절편음란물로 선호하게 되는 일이 생겨나는 것이다.[103] 모피나 벨벳은 (우리가 오랫동안 추측했듯이) 음모를 본 것 ―여자의 성기를 보기를 기대하면서 그 후에 보게 되었음에 틀림없는 것― 이 고착된 것이다. 그렇게 자주 절편음란물로 선택된 속옷은 옷을 벗는 순간, 즉 사람들이 여자가 여전히 남근을 갖고 있으리라고 생각했던 옷 벗는 순간을 고정시킨다. 그러나 내가 절편음란물의 결정을 항상 명확하게 밝힐 수 있

---

[103] 이 글의 편집자 서론 참조. ―편집자주

다고 주장하려는 것은 아니다. 거세콤플렉스의 존재를 의심하거나, 또는 여자의 성기에 대한 공포는 [거세불안이 아닌] 다른 근거를 갖는다고 생각하는 모든 사람, 예를 들면 출생 외상에 대한 기억으로부터 유래한다고 생각하는 모든 사람에게 절편음란증 연구를 긴급하게 추천해야 할 것이다.[104] 나의 경우 절편음란물에 대한 연구와 관련해 다른 이론적 관심을 갖고 있다.

최근에 나는 순수하게 사변적 방식으로, 신경증과 정신병의 본질적인 차이가 신경증에서는 자아가 현실에 봉사하기 위해 이드의 한 부분을 억압하고, 정신병의 경우에는 자아가 이드에 의해 사로잡혀서 현실의 한 부분으로부터 분리된다는 것에 있다는 명제를 발견했다. 나중에도 다시 한번 동일한 주제에 대해 논의했다.[105] 하지만 나는 내가 너무 멀리 나아갔음을 유감스럽게 생각할 기회를 가질 수 있었다. 나는 두 명의 젊은이를 분석함으로써, 이들이 사랑하는 아버지를 각각 2살과 10살 때 잃었는데, 둘 다 아버지의 죽음을 인지하지 못했다는 것, 즉 '암점화'했지만 이들 중 아무도 정신병을 발달시키지는 않았다는 것을 알게 되었

---

104 O. Rank(1924, S. 22~24). ―편집자주
105 「신경증과 정신병」(1924b)과 「신경증과 정신병에서의 현실 상실」 참조(이 책의 85쪽 이하, 99쪽 이하). ―편집자주

다. 절편음란증자들에게서 여자의 거세라는 달갑지 않은 현실의 부분이 부인되는 것처럼, 이들에게서도 현실의 분명히 중요한 부분이 자아에 의해 부인되었던 것이다. 나는 유아 시절에 이와 유사한 사건들이 흔치 않게 발생한다고 추측하기 시작했으며, 신경증과 정신병의 성격 규정에서 오류가 있었음을 깨달을 수 있었다. 이에 대한 확고한 지식이 존재하지는 않지만 말이다. 심리장치를 더 고도로 분화시켜 설명함으로써 나의 정식(Formel)을 증명할 필요가 있다. 성인들에게는 심각한 손상을 주는 것이 어린아이에게는 허용될 수 있다는 것이다. 그러나 계속적인 연구를 통해 모순에 대한 다른 해결책에 도달했다.

절편음란증자들이 여자의 거세에 대해 그랬던 것처럼[암점화하지 않았던 것처럼] 이 두 명의 젊은이는 아버지의 죽음을 '암점화'하지 않았다. 아버지의 죽음을 인정하지 않았던 것은, 그들의 심리적 삶에서의 단지 하나의 흐름이었다. 이러한 사실을 완전히 참작하는 다른 흐름도 존재했다. 현실에 부합하는 태도와 소망 충족을 원하는 태도가 나란히 존재했다. 나의 이 두 사례 중 하나에서는 이러한 분열이 중간 정도로 무거운 강박증의 원인이 되었다. 삶의 모든 측면에서 그는 두 전제 사이에서 동요했다. 즉 아버지가 아직 살아 계셔서 자신[환자]의 활동을 방해한다는 전제와, 반대되는 전제, 즉 그는 자신을 사망한 아버지의 후계자로 간주할 권리를 갖고 있다는 전제 사이에서 말이다. 따라서 나는 정신병의 경우에는 첫 번째 흐름, 즉 현실에 부합하는 흐름이 실제적으로 사라졌을 것이라고 생각할 수 있었다.

절편음란증으로 되돌아가면, 나는 절편음란증자가 여자의 거세 문제에 대해 분열된 태도를 갖고 있음을 보여 주는 수많은 중요한 증거가 있다고 말할 수 있다. 아주 절묘한 사례들을 살펴보면, 거세의 부인과 주장[이라는 분열된 태도]이 절편음란물의 구성 그 자체에 개입한다. 음부를 가리는 벨트가 절편음란물인 한 남자의 경우가 그러했다. 그는 그 벨트를 수영복으로도 입을 수 있었다. 이 의상은 성기 그 자체와 성기의 차이를 가리는 역할을 한다. 분석을 통해 그것은 여자는 거세되었다는 것, 그리고 또한 여자는 거세되지 않았다는 것을 의미했다. 그리고 더 나아가 남자의 거세를 받아들일 수 있다는 것을 의미했다. 왜냐하면 이 모든 가능성은 벨트 뒤에 잘 숨겨질 수 있기 때문이다(이 남자가 벨트를 절편음란물로 택한 어린 시절의 최초의 동기는 동상의 [음부를 가리는] 무화과잎이었다). 이중적으로, 즉 대립물들로 결합되어 있는 그러한 절편음란물은 물론 아주 잘 보존된다. 다른 사례의 경우에는 절편음란증자가 자신의 절편음란물에 대해 (현실에서든 환상 속에서든) 갖고 있는 분열이 드러난다. 그가 절편음란물을 숭배한다는 것을 강조하는 것만으로는 충분하지 않다. 많은 경우에 그는 그 것을, 명백히 거세의 표현물과 동일한 것으로 다룬다. 아버지와 의 동일화가 강하게 발달해서 [절편음란증자가] 아버지 역할을 할 때 특히 그러한 일이 일어난다. 어린아이는 아버지가 여자의 거 세를 행한다고 생각하기 때문이다. 절편음란물을 다정스럽게, 그리고 동시에 적대적으로 다루는 태도 —이는 거세의 부인과 인정을 동시에 의미한다— 는 상이한 사례들에서 불균등하게 혼 합되어 있어서 어느 한쪽이 더 강하게 드러난다. 이로부터 우리 는 여자의 머리카락을 자르는 사람의 행동을 멀리서나마 이해할 수 있다. 그는 자신이 부인하는 거세를 스스로 행하고 싶은 욕망 을 전면에 드러낸다.[106] 그의 행동은 서로 양립할 수 없는 두 개 의 주장, 즉 여자는 남근을 갖고 있으며, 아버지가 여자를 거세 했다는 주장을 자신 속에 통합하고 있다. 절편음란물에 대한 다 른 변형물이며 민속심리학적 대응 사례라고 할 수 있는 것으로, 여자의 발을 우선 절단하고 절단된 발을 절편음란물처럼 숭배하

---

[106] 여기에서의 설명은 이미 「레오나르도 다빈치의 아동기 기억」에서 제시된 바 있다 (*SA*, Bd. 10, S. 122). —편집자주

는, 중국인의 풍습을 제시할 수 있다. 중국 남자는 여자가 거세에 순종했다는 사실 때문에 여자에게 감사한다.

끝으로, 우리는 열등한 기관의 전형이 여자의 작은 실제적인 남근, 즉 클리토리스이듯이 절편음란물의 전형은 남자의 남근이라고 말할 수 있다.[107]

---

107 이는 아들러의 신경증의 근거로서의 '기관열등감'에 대한 강조를 암시한다. 「해부학적 성차이의 몇몇 심리적 결과」(1925j)의 한 각주(*SA*, Bd. 5, S. 262 각주 1)와, 『새로운 정신분석 강의』의 서른한 번째 강의에서의 더 긴 설명(*SA*, Bd. 1, S. 503-504)을 참조. ―편집자주

방어 과정에서의 자아분열

(1940/1938)

[프로이트 사후 1년여가 지내 유작으로서야 비로소 출간된 이 중요한 글의 원고는 1938년 1월 2일에 완성된 것으로 되어 있다. 어니스트 존스에 따르면(1962b, S. 282), 이 원고[방어 과정에서의 자아분열]는 1937년 [프로이트가] 크리스마스 휴가[를 보내덴] 기간 중에 집필되었다.

이 글에서는 자아에게 특별한 부담이 부과되고 있을 때의 자아와 자아의 기능에 대한 연구가 전면에서 이루어진다. 프로이트가 당시 몰두하고 있던 두 개의 서로 연관되는 주제, 즉 '부인'과, 부인의 결과로 생겨나는 '자아분열'의 행위가 이 글에서 중점적으로 다루어진다. 이 글에서도 마찬가지지만 통상적으로 프로이트는 '부인'을 거세콤플렉스와 연관시켜 설명한다. 이러한 주제는 예를 들면 「유아의 생식기 조직화」(1923e, *SA*, Bd. 5, S. 239)에서도 발견된다. 아마 가장 중요한 나중의 서술은 「절편음란증(물신주의)」이라는 짧은 논문에 있다(이 책의 143쪽 이하). 그리고 이 글 「방어 과정에서의 자아분열」은 「절편음란증(물신주의)」의 후속편으로 간주할 수 있다. 이 후자의 논문에서 부인의 결과인 자아분열이 강조되고 있기 때문이다(편집자 서론 참조, 이 책의 139쪽 이하). 이미 「신경증과 정신병」(1924b)에서도 그것에 대한 언급이 나온다(이 책의 85쪽 이하).

「방어 과정에서의 자아분열」은 알려지지 않은 이유로 완성하지 못했지만, 조금 후에 프로이트는 『정신분석 개요』(1940a/1938) 7장의 마지막 두세 쪽에서 그 주제에 대해 다시 한번 언급한다. 거기에서 그는 자아분열에 대한 자신의 생각을 절편음란증과 정신병의 사례를 넘어 신경증 일반으로 확대해 적용한다. 이로써 이 주제는 방어 과정의 불가피한 결과인 '자아 변화'라는 추가적인 질문으로 이어진다. 그 주제도 프로이트가 말년에 몰두했던 것이다. 특히 치료술에 관한 논문인 「끝날 수 있는 분석과 끝날 수 없는 분석」(1937c), 그중에서도 5절(*SA*, 별책, S. 374 이하)에서 이에 대한 논의를 발견할 수 있다. 그리고 이는 우리를 아주 초기의 저작, 즉 방어 정신신경증에 관한 두 번째 논문과, 플리스에게 보낸 편지 (1950a) 중 하나인 더 이른 시기의 원고 K로 우리를 이끌어 간다.

방어 과정에서의 자아분열

내가 전달하고자 하는 것이 오래전부터 알려져 있고 당연한 것인지, 아니면 완전히 새롭고 당황스러운 것으로 평가되어야 하는지 알 수 없는 흥미로운 상황에 나는 잠시 처해 있다. 그러나 나는 후자라고 믿고 싶다.

어떤 사람 ─우리가 10년 후 분석 시간에 환자로 알게 된 사람─ 의 어린 시절의 자아가 곤경에 처한 특별한 상황에서 특이한 방식으로 행동했다는 것이 마침내 내게 떠올랐다. 이러한 일을 발생시킨 조건에 대해 우리는 일반적이고 불특정하게 말할 수 있다. 심리적 외상의 작용하에서 그런 일이 발생했다고 우리가 말한다면 말이다. 나는 개별 사례가 [사건의] 모든 원인을 포괄하지는 못하더라도 명확하게 규정된 개별 사례를 강조하는 것을 더 좋아한다. 어린아이의 자아는 강력한 충동의 요구에 봉사하는데 ―그의 자아는 그러한 요구를 만족시키는 것에 익숙해 있다― 이러한 만족을 지속시키면 견디기 어려운 실제적 위험이 발생할 것임을 가르쳐 주는 경험을 통해 갑자기 공포심을 갖게 된다. 어린아이의 자아는 이제 결정해야 한다. 실제적 위험을 인정하고 그것에 굴복하며 충동 만족을 포기하거나, 아니면 만족을 계속적으로 얻기 위해서 현실을 부인하고, 두려워할 어떤 이유도 존재하지 않는다고 스스로 믿게 만들어야 한다. 따라서 충동의 요구와 현실의 요구 사이에 갈등이 존재한다. 그러나 아이는 충동의 요구와 현실의 요구를 모두 택하지 않는다. 또는 더 정확히 말하면, 동시에 이 둘을 행하는데, 결국 그것은 같은 말이다. 아이는 두 개의 대립되는 반응으로 갈등에 대답한다. 한편으로, 특정한 메커니즘들의 도움으로 현실을 거부하며 어떤 금지도 받아들이지 않는다. 다른 한편으로, 아이는 동시에 현실의 위험을 인정하고, 그 위험에 대한 불안을 병의 증상으로 받아들이며, 후에 그것을 방어하고자 노력한다. 우리는 이것이 매우 능란하게 어려움을 해결하는 방법이라는 것을 인정하지 않을 수 없다. 싸우는 두 당사자가 자신의 몫을 얻는다. 충동은 만족을 유지할 수 있고 현실에도 합당한 존중이 부여되었다. 그러나 대가를 치르지 않는 것은 죽음밖에 없다. 결코 아물지 않는, 시간이 지남에 따라 더 커지는, 자아 속의 균열을 대가를 치룬 후 성과가 달성된다. 갈등에 대한 이 대립되는 반응(반작용)들은 자아 분열의 핵으로 존속된다. 우리는 자아 과정들의 종합을 어느 정도 당연한 것으로 간주하기 때문에 이러한 과정 전체가 우리에게 너무 특별해 보인다.[108] 그러나 그렇게 생각한다면 우리는 명백히 오류를 범하는 것이다. 그렇게 특별나게 중요한, 자아의 종합 기능은 자신의 특수한 조건들을 갖고 있으며 일련의 교란에 종속된다.

이러한 도식적인 설명 대신에 특수한 사례에서 취한 자료들을 제시하는 것이 유리할 것이다. 한 소년이 서너 살 무렵에 더

---

108   예를 들면 『새로운 정신분석 강의』(1933a)의 서른한 번째 강의에서의 한 구절을 참조(SA, Bd. 1, S. 513). 비록 프로이트가 후기 저작에서, 특히 「억제, 증상 그리고 불안」(1926d) 및 「비전문가 분석의 문제」(1926e, SA, 별책, S. 288)에서 자아의 종합 경향을 특히 강조하지만, 이러한 견해는 처음부터 자아에 대한 그의 이미지에 속한다. 예를 들면 그가 브로이어 시대에 억압되어야 하는 표상들에 대해 항상 반복적으로 상용했던 다음 표현을 참조. "그것들은 양립 불가능(unverträglich)하다. 즉 자아에 의해 종합될 수 없다." —편집자주

나이 많은 소녀의 유혹으로 여자의 성기를 알게 되었다. 이 관계가 끝난 후 아이는 그렇게 얻게 된 성적 흥분을 열정적인 자위 행위를 통해 계속 유지했지만, 곧 힘이 넘치는 보육교사에 의해 발각되었고, 그녀로부터 거세위협 ―일반적으로 그렇듯이 그녀는 거세위협을 아버지에게 돌렸다― 을 받았다. 이 경우에 공포가 엄청나게 작용할 수 있는 조건이 주어진다. 거세위협 그 자체는 많은 인상을 남기지 않을 것이다. 아이는 그것을 믿기를 거부한다. 그렇게 높이 평가되는 육체의 부분이 분리될 수 있다고 아이가 생각하기는 쉽지 않다. 여자의 성기를 보았을 때 아이가 그러한 가능성에 대해 확신했을 수도 있다. 그러나 당시 아이는 그런 결론을 내리지 않았다. 왜냐하면 그것에 대한 반감이 너무 크고, 그러한 결론을 내려야만 하는 동기가 없기 때문이다. 반대로 불편함을 자극하는 것들은 잠재워진다. 거기에 없는 것은 앞으로 생길 것이다. 그것 ―남근― 은 그녀에게 나중에 자라게 될 것이다. 어린 남자아이를 충분히 관찰해 본 사람은 그가 여동생의 성기를 보았을 때 그렇게 말했음을 기억할 수 있다. 그러나 두 계기가 합쳐진다면 상황은 달라진다. [거세]위협은 무해하다고 간주했던 지각에 대한 기억을 불러일으키며, 그 기억 속에서 그는 자신이 두려워하는 확증[거세 사실에 대한 확증]을 발견한다.

이제 소년은 왜 여자아이의 성기에는 남근이 없는지 이해했다고 믿고, 자신의 성기에도 동일한 일이 발생할 수 있다는 것을 감히 더 이상 의심하려고 하지 않는다. 그는 거세위험의 현실을 이제부터 믿어야만 한다.

정상적인 것으로 간주되는 거세위협의 일반적인 결과는 소년이 완전히 또는 적어도 부분적으로 복종하며 위협에 굴복하는 것 —그가 더 이상 손을 성기에 대지 않음으로로써— 이다. 이는 즉시 일어날 수도 있고, 오랜 투쟁 후에 일어날 수도 있는 일이다. 즉 충동 만족을 전적으로 또는 부분적으로 포기한 후에 말이다. 그러나 우리는 우리의 환자가 다른 방식으로 자신을 도울 수 있다는 말을 들을 준비가 되어 있다. 그는 여자의 사라진 남근의 대체물, 즉 절편음란물을 창조한다. 이로써 그는 현실을 부인하지만 자신의 남근을 구했다. 여자가 남근을 상실했다는 것을 그가 인정해야 할 필요가 없다면, 그는 자신에게 가해진 위협을 믿지 않아도 된다. 또한 그가 자신의 남근 때문에 두려워할 필요가 없다면, 그는 방해받지 않고 자위행위를 계속할 수 있다. 우리의 환자의 이러한 행동은 현실로부터의 도피, 즉 우리가 기꺼이 정신병을 위해 유보하기를 원하는 과정이라는 인상을 우리에게 강하게 준다. 그것은 그렇게 다른 것 같지도 않다. 그러나 우리는 우리의 판단을 유보하기를 원한다. 더 자세히 고찰해 보면 우리는 중요하지 않다고 할 수 없는 차이를 발견할 수 있기 때문이다. 소년은 단순하게 자신의 지각을 반박하는 것이 아니며, 남근을 볼 수 없는 곳에서 환각적으로 그것을 보는 것도 아니다. 그는 가치의 전치(Wertverschiebung)를 행한다. 남근의 중요성을 육체의 다른 부분으로 이전시키는 것인데, 이때 퇴행 메커니즘이 (여기에서 설명할 수 없는 방법으로) 그를 돕는다. 물론 전치는 여자의 육체와만 관련되며, 자신의 남근과 관련해서는 아무것도 변하지 않았다.

현실을 다루는 이러한 교묘한 —나는 그렇게 말하고 싶다— 방식은 아이의 실제적 행동을 결정한다. 그는 자위행위가 아무런 위험을 가져올 수 없다는 듯이 그것을 계속하지만, 동시에 겉보기에는 용감한 또는 개의치 않는 이 행동과 완전히 모순되게, 그가 이 위험을 인정하고 있다는 것을 증명하는 증상을 발전시킨다. 아버지가 그를 거세한다는 사실이 그를 위협했고, 그 직후에, 절편음란물의 창조, 그리고 아버지의 처벌에 대한 불안이 그에게 동시에 등장한다. 그는 이러한 불안에 대해 오랫동안 몰두하며, 자신의 남성성을 완전히 소모함으로써만 이 불안을 극복하고 과잉 보상할 수 있다. 아버지에 대한 이러한 불안은 또한 거세에 대해서 침묵한다. 구순적 단계로의 퇴행의 도움으로 거세는 아버지에 의해 잡아먹힌다는 불안으로 등장한다. 여기에서 그리스 신화의 원시적 측면을 상기하지 않을 수 없다. 아버지신인 크로노스가 자신의 아이들을 삼켰고, 막내아들 제우스도 삼키려 했지만, 어머니의 책략으로 구제된 제우스가 후에 아버지를 거세한다는 것을 우리에게 알려 주는 그리스 신화의 원시적 측면 말이다. 우리의 사례로 되돌아가서 우리는 다음과 같이 덧붙이고자 한다. 그 환자는 경미하지만 다른 증상을 만들었다. 그는 그 증상을 오늘날까지도 갖고 있다. 그의 증상은 양쪽 새끼 발가락에 닿는 것에 대한 민감한 불안을 갖고 있다는 것이다. 마치 부인과 인정 사이에서 동요하는 것에서 거세에 대한 더 명백한 표현이 드러난다는 듯이 말이다.

I. 총론

우리나라에서도 이미 오래전에 프로이트의 저작들이 번역되었고, 프로이트의 글을 직접 읽을 수 있게 되었다. 그럼에도 역자가 이를 다시 번역하기로 결정한 것은 프로이트 정신분석은 물론 그 이후의 여러 정신분석 학파의 이론을 깊이 이해하고 연구하기 위해서는 그 출발점이 되는 프로이트 저작들에 대한 정확하고 면밀한 번역서가 필요하다고 생각했기 때문이다.

우선 첫 작업으로 역자는 '메타심리학적 저작들'을 선택했다. 「1915년의 메타심리학 저작들에 대한 편집자 서론」에 따르면, 메타심리학적 저작이란 "정신분석을 위한 견고한 이론적 근거"(1권 30쪽)를 마련하기 위한 글을 지칭한다. 그것은 임상 이론을 확고하게 만들기 위해 전제해야 하는 개념, 근본적인 정신적 원리 등에 관한 이론의 총체이다. 따라서 메타심리학은 정신분석 임상뿐만 아니라 더 나아가 철학적 관점에서도 정신분석을 근거 짓는 프로이트의 본질적 작업이었다. 편집자가 「서론」에서 구체적으로 설명했듯이 이러한 메타심리학적 글들은 프로이트가 1915년에 썼던 12편의 논문을 지칭하는데(같은 글, 30~32쪽), 그는 이 중 5편만을 출간했다. 「충동들과 충동의 운명들」, 「억압」, 「무의식」, 「꿈 이론에 대한 메타심리학적 보충」, 「애도와 멜랑콜리」가 그것이다. 따라서 메타심리학적 저작들은 1915년에 저술한 이 12편의 논문을 의미하지만, 이론적 관점에서 넓게 본다면 이 시기에 집필하지 않은 다른 많은 주요 저작도 메타심리학적 글에 사실상 포함된다고 말할 수 있다. 이러한 이유로 역자는 1915년 이전과 이후에 쓴 글들도 번역본에 포함시켰다.

메타심리학이라는 용어를 이해하기 위해서는 정신분석은 세 가지 차원으로 구성되어 있다는 점을 먼저 언급할 필요가 있다. ① 정신분석적 경험, ② 임상 이론, ③ 메타심리학이 그것이다.

정신분석의 세 차원

정신분석이라는 '새로운 학문'은 어떤 과정을 거치면서 탄생했을까? 다른 새로운 학문이나 과학들(예를 들면 뉴턴의 물리학)과 마찬가지로 정신분석의 출발점은 기존의 이론이나 학문으로 설명할 수 없는 ① (정신분석적) 경험들이다. 정신분석 창립을 가능케 한 수많은 임상경험이 존재했지만, 잘 알려져 있듯이 초기의 가장 대표적인 경험은 전환 히스테리에 관한 것이었다. 프로이트는 외상적 사건이 야기한 심리적 고통이나 갈등이 육체적 증상을 발생시킨다는 사실에 매료되었다. 심리 또는 정신이 육체에 어떤 증상을 발생시킨다는 임상적 경험은 전통적 유물론이나 정신의학 또는 관념론적 철학을 통해 결코 명쾌하게 설명될 수 없었던 새로운 현상이었다. 프로이트는 이러한 증상을 전환 히스테리 증상이라고 불렀고 이를 설명하고 치료하는 과정에서 정신분석을 창립하고 이를 체계화했다.

당시까지 알려진 이론이나 학문으로 결코 파악할 수 없는 어떤 새로운 경험들을 설명할 수 있는 개념과 이론을 창조하고, 그것들을 체계화하며 계속 누적되는 경험이나 관찰들에 비추어 이 개념과 이론을 수정, 보완 발전시켜 이론 전체를 더욱 완전한 형태로 체계화했을 때 새로운 학문 또는 과학이 탄생한다. 정신분석의 창립과 발달은 임상 이론의 개발 및 임상 실천과 직접적으로 연결되어 있다. 프로이트는 무엇보다도 정신분석적 치료 경험을 바탕으로 ② '임상 이론을 구성하기 위해 노력했다(그는 후기로 갈수록 문화 전반으로 자신의 사유를 확장했다). 그리고 언급했듯이

③ 메타심리학이란 정신분석적 경험과 임상 이론을 더 근본적인 차원, 가장 이론적이며 체계적 관점에서 고찰한다는 것을 가리킨다.

메타심리학과 정신분석의 근본 개념: 충동 개념을 중심으로

「무의식」에서 프로이트는 메타심리학을 다음과 같이 정의했다. "나는 우리가 심리적 과정을 역동적, 지형학적 그리고 경제적 관련성에 따라 기술하는 데 성공한다면, 그것을 메타심리학적 서술이라고 부르자고 제안한다."(1권 164쪽, 강조는 원문) 프로이트는 정신병리를 '소망 성취와 이에 대한 거부'의 대립으로 설명한다. 따라서 그는 역동적 관점을 도입했는데, 이는 심리적 과정을 정적 상태가 아니라 역동적인 힘들의 흐름, 대립, 갈등, 조정이라는 측면에서 이해한다는 것을 의미한다. 그리고 지형학적 관점은 심리구조를 공간 또는 장소 속에서의 위치나 관계 등의 측면에서, 즉 공간적 관점에서 파악한다는 것을 지칭한다. 경제적 관점은 심리적 과정에 참여하는 자극 또는 충동의 양을 측정하거나, 또는 하나의 충동자극이 다른 충동자극으로 변화할 때 어느 정도의 양이 참여하고 변화를 겪었는지 평가할 수 있다는 것을 의미한다. "자극의 크기[양]의 운명들을 추적하고, 그 운명을 적어도 상대적으로나마 측정하기 위해 노력"(1권 163쪽)한다는 것이다. 물론 여기에서 프로이트가 말하는 "측정"을 엄밀한 계량적 의미로 이해해서는 안 될 것이다. 실제로 정신분석 역사에서 프로이트의 경제적 관점을 오해해, 물리학 같은 엄밀과학에서 행하는 방식으로 심리적 힘의 크기나 변화의 양을 엄밀하게 측정하려고 하는 오류가 존재했다. 경제적 관점은 예를 들면 두 개의 대립하는 자극 또는 충동들의 상대적 크기나 비율, 그리고 자극 또는 충동들의 변화량, "자극의 크기의 운명"을 추정한다는 것을 뜻한다. 이러한 전제하에서만 심리 내적 분열의 정도, 갈등의 크기와 속성, 성격, 그리고 심리 과정의 변화를 설명할 수 있기 때문이다. 그러나 많은 이들이 오해하거나 잘못 비판하고 있지만, 프로이트의 메타심리학이 심리적 과정을 양적 속성으로 환원시켜 설명하려는 기계론적 유물론의 입장을 취한 것은 아니라는 점을 염두에 두어야 한다. 플리스에게 보낸 『[심리학] 초안』에서 프로이트는 심리적 과정을 물질적 입자들의 특정한 양적 상태로서 서술하는 것이 이 저술의 목표라고 말했지만, 시간이 지나면서 프로이트는 이러한 환원주의적 입장을 포기한다.[109] 그가 『[심리학] 초안』을 출간하지 않은 이유도 거기에 있다. 그 후 프로이트는 심리적 과정은 결코 에너지, 즉 양적 변수로 환원될 수 없는 의미론적, 질적 차원을 갖고 있음을 기회가 될 때마다 반복해서 언급한다. 프로이트는 충동의 차원과 의미(정신, 심리)의 차원 모두를 중시했으며 이 둘 간의 '변증법적 관계'를 염두에 두는 메타심리학을 구상했다는 것이다.

「충동들과 충동의 운명들」에서 프로이트가 메타심리학을 역동적, 지형학적, 경제적 관련성에 따라 심리적 과정을 기술하는 것으로 정의했지만, 그는 메타심리학이라는 용어를 더 넓은 의미로 사용한다. 프로이트는 『자기 해명(*Selbstdarstellung*)』에서 메타심리학으로서의 정신분석은 단순히 정신병리학의 보조도구가 아니라 근본적인 심리 이론이라고 말한다.

"꿈이 증상처럼 구성되어 있다면, 꿈에 대한 해명이 다음과 같은 가정들, 즉 충동자극 의 억압, 대체 형성물, 타협 형성물, 그리고 의식과 무의식의 문제를 설명해 주는 다양한 심리적 체계들과 같은 가정을 요구한다면, 정신분석은 더 이상 정신병

---

109 그리고 사실 『[심리학] 초안』을 읽어 보면 프로이트는 이미 이 저작에서도 심리 과정의 '의미론적 차원'을 간과하지 않았음을 우리는 발견할 수 있다.

리학을 위한 보조 과학이 아니다. 오히려 그것은 또한 정상적인 심리 과정을 이해하기 위해서도 필요불가결한, 하나의 새롭고 더욱 근본적인 심리 이론을 위한 단서인 것이다."(*G. W.*, Bd. 14, S. 73, 강조는 역자)

정신분석은 히스테리의 증상과 같은 '병리적' 증상의 형성 메커니즘과 꿈이나 말실수 또는 농담과 같은, '정상적인' 심리적 형성물의 내적 구조를 본질적으로 같은 것으로 간주하므로, 그것은 심리 치료를 위한 임상 과학으로 끝나는 것이 아니라 하나의 "새롭고 더욱 근본적인 심리 이론"이 될 수 있다고 프로이트는 생각했다.

그렇다면 이러한 메타심리학으로서의 정신분석이 가지는 이론적 지위는 무엇인가? 보편성을 추구하는 이론이므로 메타심리학은 철학 또는 형이상학의 일종인가? 아니면 그것들이 가진 사변적·종교적 성격을 극복한다는 의미에서 철학이나 형이상학은 아니라고 보아야 하는가? 그것은 자연과학과 어떤 관계에 있는가? 분명한 것은 프로이트는 메타심리학으로서의 정신분석이 어떤 수준의 보편성을 지향하는 학문이지만 자연과학적 방법론과 목표와는 분명히 차별성이 있으며, 관념론적 형이상학을 대체 또는 극복하는 학문이라고 생각했다는 것이다. 『일상생활의 정신병리학』이라는 저작에서 그는 이렇게 말한다.

"가장 현대적인 종교에까지 깊이 뻗어 있는 신화적 세계 이해의 대다수는 외부 세계로 투사된 심리학 이외에 다름 아니라고 나는 사실상 믿는다. 심리적 요소들, 그리고 무의식의 관계들에 관한 어두운 인식 (말하자면 심리 내부적 지각)은 … 구성된 초감각적인 현실 속에 반영되는데, 이 초감각적 현실은 과학에 의해 무의식의 심리학으로 다시 변형되어야 한다. 사람들은 낙원이나 타락, 신, 선과 악, 불멸 등에 관한 신화들을 그러한 방식으로 해소하고 형이상학을 메타심리학으로 변형시킬 수 있을 것이다."(G. W., Bd. 4, S. 287~288, 강조는 역자)

이 인용문에서 잘 드러나듯이 프로이트는 형이상학(Metaphysik)을 염두에 두고 메타심리학(Metasychologie)이라는 용어를 만들었으며, 자신의 메타심리학이 형이상학적 담론을 수정, 비판, 변형한다고 생각했다는 사실에는 의심의 여지가 없다. 사실 프로이트는 정신분석 이론을 수립함에 있어 헬름홀츠, 브뤼케, 헤르바르트, 페히너 같은 선배 자연과학자들의 방법론들을 매우 중시했으며, 정신분석이 종교나 형이상학과 구분되는 것은 전자가 후자와는 달리 경험과 관찰을 중시하기 때문이라고 자주 말했다. 그러나 정신분석을 단순히 과학주의 내지는 반(反)사변적 실증주의로 규정하는 것은 프로이트의 의도가 아니었다. 그에게 '과학적 심리학'을 창립할 수 있도록 자극과 영감을 주었던 선배 중에는 위에서 언급한 바 있는 자연과학자들만 있는 것이 아니라 칸트, 플라톤과 같은 철학자들, 쇼펜하우어 등의지 형이상학이라고 불리는 철학 전통, 그리고 낭만주의와 헤겔 철학 등도 또한 프로이트에게 영향을 주었기 때문이다. 물론 이들의 철학 체계를 있는 그대로 수용한 것은 아니며 자신의 관점에서 비판하고 재해석하는 과정을 거쳤다. 이러한 과정을 경유했기 때문에 프로이트의 메타심리학적 개념 중에는 '사변적인' 성격을 갖고 있는 것들도 존재한다.

그의 중요한 메타심리학적 저작 중 하나인 「쾌락원칙을 넘어서」에서 처음으로 도입된 죽음충동이 그 대표적인 예이다. 그에 따르면, 모든 유기체는 비유기체적 안정 상태로 되돌아가려는, 즉 자신의 내적 긴장을 가능한 극소화하고, 궁극적으로는 긴장 없는 상태로 복귀하려는 속성을 가지고 있다. 그는 특히 죽음충동 개념과 관련해 '사변적'이라는 용어를 기꺼이 사용했고 사변적 방법을 활용했다. 「쾌락원칙을 넘어서」에서 그는, 역시 대표적인 메타심리학적 저작 중 하나라고 할 수 있는 『꿈의 해석』의 7장에서 제시된 도식을 가리켜 "사변적인 부분"[110](3권 69쪽)이라고 칭한다.

　지금까지의 논의에 이어서 이제 이 맥락에서 「충동들과 충동의 운명들」의 도입부에서 프로이트가 제시한 메타심리학적 논의를 살펴보고자 한다. 이 텍스트는 많이 알려져 있으나 여전히 오해받고 있는 충동 개념에 대한 상세하고 종합적인 설명을 담고 있을 뿐만 아니라, 프로이트의 '과학철학적' 통찰력을 잘 보여 주는 핵심적 메타심리학적 저작에 속한다. 독자들은 이 해제를 읽기 전에 먼저, 1권 49쪽부터 51쪽 상단부에 수록된 프로이트의 글을 읽어 보기를 권한다. 여기에서 프로이트는 "가장 정밀한 과학"인 "물리학"처럼, 정신분석도 철저한 관찰과 현상에 대한 면밀한 기술, 그리고 이러한 현상들을 정확히 분류, 정리하고 이것들의 관계를 설명할 수 있는 "근본 개념들"을 필요로 한다고 말한다. 이 근본 개념들은 물론 현상에 대한 관찰로부터 유래해

---

[110]　프로이트의 이러한 접근방식은 그가 '사고(하기)'라는 범주를 중시한다는 것과 밀접한 관련이 있다. 이에 대해서는 곧 언급할 것이다.

야 한다. 경험과 관찰 ―정신분석의 경우에는 임상적 경험과 관찰― 을 토대로 하지 않은 이론 체계는 개념의 유희나 신비적인, 또는 '형이상학적' 명제들의 집적체에 지나지 않을 것이기 때문이다. 그러나 동시에 프로이트는 "이 근본 개념들은 단지 새로운 경험으로부터만 유래하지는 않은 어떤 추상적인 관념들을 재료들에 이미 적용"함으로 생겨날 수밖에 없다는 사실을 주지시킨다. 현상에 대한 단순한 관찰과 이에 근거한 귀납적 추론만으로는 과학적인 "근본 개념"이라기보다는 "합의" 또는 "관습"에 근거한 '모호한' 개념들이 생겨나게 된다. 따라서 "현상 영역의 근본 개념을 더 날카롭게 파악"하고 "철저히 정의"하기 위해서는 "현상 영역을 더욱 철저히 탐구"함으로써 기존의 근본 개념을 수정, 변화시키고 철저한 정의에 도달하기 위해 노력해야 한다. 이러한 과정을 거치지 않는다면 "인식의 진보는 개념의 경직성을 견디지 못"(강조는 역자)하게 될 것이기 때문이다. 프로이트가 메타심리학이라는 용어를 사용할 때 염두에 두고 있는 '과학적 절차'는 다음과 같다. 경험과 철저한 관찰, 그리고 이에 근거한 개념의 도출, 그리고 더 나아가 경험적 사실과 개념의 관계에 대한 철저한 사유(사고)를 바탕으로 경직되거나 부정확한 개념에 수정과 변형을 가하고 그것을 더욱 철저히 정의함으로써 '근본 개념'을 구성하기.

여기에서 역자가 강조하고 싶은 것은 프로이트가 사유(하기)를, 근본 개념을 구성하고 창의적인 학문을 창립하기 위해 결정적인 요소로 간주한다는 사실이다. 그리고 프로이트에게 사고(하기)는 단지 학문적 작업뿐만 아니라, 개인의 성장과 주체성의 형성을 위해 필수적인 본질적인 과정이다.[111]

이러한 서론적 설명을 마친 후 프로이트는 자신의 메타심리학적 논의에서 가장 중요한 근본 개념 중 하나로 충동을 제시하고 이의 임상적, 이론적 의미에 대해 상세히 논의한다.

"우리가 생리학에서 반드시 필요로 하는, 관습적이며 잠정적으로는 여전히 모호한 그러한 근본 개념이 충동 개념이다. 우리는 다양한 측면에서 충동 개념의 내용을 채워 보고자 시도할 것이다."(1권 51쪽)

---

111 이미 프로이트는 「심리적 사건의 두 원칙에 관한 정식화」에서 "현실자아"(3권 22쪽), 즉 현실적 주체가 확립되는 과정을 쾌락원칙에서 현실원칙으로의 이행과 관련지어 설명하면서 현실자아의 형성 과정에서 사고(하기)가 행하는 역할과 그 정신분석적 의미에 대해 논의한 바 있다.

프로이트는 충동을 어떻게 설명하는가? 잘 알려져 있듯이 우선 그는 생물학적 본능(Instinkt)과 충동(Trieb) 개념을 구분한다. 이러한 프로이트의 명시적인 언급에도 불구하고 프로이트의 원전이 번역되는 과정에서 충동이 본능(instinct)으로 잘못 번역되었는데, 자아심리학자인 하르트만, 크리스, 뢰벤슈타인은 그들의 공저 「공격성 이론에 관한 노트」(1949)에서 이미 이러한 오류를 지적했으며, 그보다 훨씬 앞서 미첼이 이러한 번역의 문제점에 대해 언급했다.

> "우리는 심리장치를 세 개의 구조적 조직, 즉 이드, 자아, 그리고 초자아라는 용어로 사유하는 것에 익숙해져 있기 때문에, 심리학에서 일반적으로 사용되는 '본능(instinct)'과 … 프로이트에 의해 사용된 '충동(Trieb)'을 지칭하는 '본능적 충동(instinctual drive)'를 구분하는 것이 가능해졌다. 이 구분은 프로이트 저작의 영어 번역본이 충동(Trieb)을 본능(instinct)으로 … 처음에 번역했기 때문에 더욱 요청된다."[112]

---

[112]　H. Hartmann, E. Kris, R. M. Loewenstein, "Notes on the Theory of Aggression", *The Psychoanalytic Study of the Child*, Vol. 3, Iss. 1, 1949, p. 12. 이들에 따르면 본능이라는 번역이 오해를 낳을 수 있다는 것을 처음 지적한 사람은 미첼(Mitchel)

상당수의 전문적인 정신분석가들은 충동이 본능으로 잘못 번역되었다는 사실을 잘 알고 있음에도 불구하고 저술 작업을 할 때 본능이라는 단어를 '관행적으로' 계속해서 사용해 왔다. 그러나 그들이 본능이라는 단어, 예를 들면 죽음본능(death instinct)이라고 말할 때조차도 그들이 사실상 의미하는 것은 본능이 아니라 충동이라는 것은 사실 의심의 여지가 없다. 물론 프로이트의 근본 개념인 충동 그 자체가 오류이며, 따라서 충동 개념을 통해 인간을 설명하려는 시도는 잘못되었다고 주장하는 정신분석학파, 예를 들면 대상관계 이론가들의 경우라면 사정은 다를 것이다. 이 학파에 속하는 분석가들은 충동 개념을 거부하므로 그들은 본능 개념만을 인정하며, 이들이 본능이라는 용어를 사용한다면, 이는 충동이 아니라 정말로 본능에 대해 이야기하는 것으로 보아야 할 것이다.

이제, 프로이트가 충동을 (정신분석의) 기본 개념으로 간주한 이유가 무엇이었는지 몇 가지 중요한 쟁점을 재구성해 보자. 어떤 의미에서 충동은 근본 개념인가? 「충동들과 충동의 운명들」에서 프로이트는 충동을 "심리적인 것과 육체적인 것의 경계"

─────

이다(*The Psychology of Medicine*, Methuen, London, 1928).

에 있는 "개념"으로 정의한다는 점이 우선 중요하다. "'충동'은 심리적인 것과 육체적인 것 사이의 경계 개념으로, 육체 내부에서 유래해 심리 속에 도달하는 자극의 심리적 대리자(psychischer Repräsentant)"(1권 58쪽)이다. 이때 그가 염두에 두고 있었던 것은 충동이 '정신과 몸의 연결과 단절, 또는 융합과 분리'를 설명해주는 근본 개념이라는 것이다. 유물론자들은 정신을 육체의 부대 현상 정도로 이해하고, 관념론자들은 자율적인 정신이 육체에 영향을 행사한다는 점을 중시하지만, 프로이트는 이 상반되는 두 철학적 입장을 따르지 않고 충동을 통해 몸과 정신이 '의사소통'하는 '복잡한' 인간 존재를 염두에 두고 있었다. 그는 정신분석적 경험과 임상을 체계적으로 해명하기 위해 메타심리학 연구의 차원에서 이러한 구성적 개념을 생산했다. 충동은 개별적인 심리적 현상에 대응하는 특수한 심리학적 개념이 아니다. "누군가가 유희충동, 파괴충동, 사교충동과 같은 개념을 적용한다고 할지라도 … 반대할 수 없다. 그러나 다음과 같은 질문, 즉 '한편으로는 매우 특수화된 이러한 충동의 동기를 충동의 근원이라는 방향으로 더욱 분해해서, 마침내 더 이상 분해될 수 없는 근원적 충동이 어떤 의미를 요구할 수 있지 않을까'라는 질문을 간과해서는 안 될 것이다."(1권 61~62쪽) 프로이트에게서 충동은 개별적 행위를 추동하는 어떤 특수한 자극을 지칭하는 심리학적 개념이 아니라, 심리적 과정 일반의 동기와 작용, 그리고 그 결과 등을 포괄적이고 체계적으로 해명하는 메타심리학적인 근원적 개념이다. 그것은 특수한 개별적 현상으로 환원되거나 그것에 직접 상응하지 않는 이론적 보편적 개념으로서, '사유(사고)하기' 작용을 통해 구성되었다.

충동과 그 대리자의 관계는 어떠한가? 편집자도 언급하듯이 프로이트는 충동의 '존재론적' 지위를 두 가지 관점에서 설명한다. 하나는 앞서 인용한 「충동들과 충동의 운명들」의 구절에서 볼 수 있듯이 충동을 "심리적 대리자"로 설명하는데, 이는 그가 충동과 충동의 대리자를 전혀 구분하지 않았다는 것을 의미한다. 그러나 「무의식」에서 프로이트는 충동과 충동의 대리자를 구분한다. "충동은 결코 의식의 대상이 될 수 없고, 충동을 대리하는 표상만이 의식의 대상이 될 수 있다. 충동은 무의식 속에서도 표상을 통해서만 대리될 수 있다. 충동이 표상에 부착되지 않는다면, 또는 정동의 상태로 등장하지 않는다면, 우리는 그것에 대해 아무것도 알 수 없을 것이다."(1권 155쪽) 이 구절에 따르면 충동 자체는 의식되지 않으며, 표상을 통해서만 충동에 대해 간접적으로만 알 수 있을 뿐이다. 편집자는 프로이트가 충동에 대해 모순적인 설명을 제시하는 것처럼 보이지만 사실 이 두 설명은 모순적이지 않다고 말한다. 이러한 외관상의 모순은 '경계 개념'이라는 표현이 갖는 애매성 때문에 생겨난 것이라고 편집자는 설명한다. 이러한 설명이 물론 잘못된 것은 아니지만 이론적인 부연 설명이 필요해 보인다.

충동은 현상 또는 현실 속에서 그 자체로 관찰될 수 없는 것이다. 충동은 의식적, 그리고 무의식적 표상을 통해 대리될 수 있을 뿐 의식될 수 없으며, 심지어 무의식적 표상도 충동을 대리할 수 있을 뿐이다. 여기에서 우리는 충동은 심지어 '무의식 또는 무의식적 앎(인식) 너머'에 존재한다고 프로이트가 생각했음을 알 수 있다. 충동과 충동의 대리자를 한편으로는 같은 것으로, 다른 한편으로는 다른 것으로 간주하는 프로이트의 '모순적' 설명을 종합하면, 충동은 근본적으로 인간의 인식 한계 너머에 존재하는 미지수 X 같은 것이지만, 그것은 우리가 그것에 대해 상상조차 할 수 없을 정도로 철저히 은폐되어 있지는 않으며, 의식적, 무의식적 지식(앎), 표상 또는 관념, 그리고 정동과 감정 등을 통해 알려진다(현상한다). 그리고 충동은 오직 '자폐적으로' 활동하는 것이 아니라 대상을 필요로 한다(실제로 프로이트는 대상을 충동을 구성하는 네 가지 구성요소 중 하나로 간주한다). 그러한 의미에서 프로이트는 충동 개념을 설명할 때, 알 수 없는 물자체와 지식의 대상인 현상의 관계를 변증법적으로 사유했던 헤겔 철학에 매우 근접해 있다고 우리는 해석할 수 있다. 우리가 충동에 대해 아무것도 알지 못한다면, 정신분석이라는 학문은 물론, 치료 작업 자체가 불가능하게 될 것이다. 그러므로 프로이트는 그러한 철저한 불가지론적 입장을 취하지 않는다. 그럼에도 그는 우리가 인식과 앎, 표상이나 정동, 그리고 치료 작업을 통해 충동을 철저하게 파악하고 지배할 수 있다고 주장하지 않는다. 후기 프로이트의 용어로 말하면 자아의 이드 지배는 '궁극적으로' 불가능하다.

한나 시걸은 프로이트가 충동을 설명했던 두 가지 방식 사이의 간극을 메우는 방법으로 수잔 아이작스의 견해를 인용해, "충동을 대리하는 '관념[표상]'은 근원적인 원초적 환상"이라고 말한다(한나 시걸,『클라인 정신분석 입문』, 홍준기 역, 눈출판그룹, 32). 충동의 작용은 "적절한 대상에 의해 충동이 만족되는 환상을 통해 정신적 삶 속에서 표현되고 대리된다."(같은 곳) 이러한 설명은 프로이트가『[심리학] 초안』에서 제시한, 유아의 환각적 만족에 대한 설명과 근본적으로 동일하다. 그러나 시걸과 아이작스의 설명은 원초적 환상에 대한 설명으로 유의미하지만, 사실 왜 프로이트가 충동과 그것의 대리자가 한편으로는 동일한 것으로, 다른 한편으로는 다른 것으로 이야기하는지에 대한 충분한 해명이 되지는 못한다.

언급했듯이 「충동들과 충동의 운명들」에서 프로이트는 충동을 구성하는 네 가지 요소를 제시한다. 근원, 힘, 목표, 대상이 그것이다(1권 58쪽 이하). '충동의 근원'은 물론 육체이다. '충동의 힘은' 능동적인 활동성이다. 충동을 구성하는 힘(또는 에너지)은 심리 내부에서 유래하는 항구적인 힘이다. 프로이트에 따르면 수동적인 충동은 존재하지 않는다. 그가 편의상 수동적 충동이라는 표현을 사용하는 경우에도, 그는 이것이 '표상', 즉 '관습적' 용법의 차원에서만 그러하다는 것을 분명히 알고 있었다. 예를 들면 그는 마조히즘은 수동적이고 사디즘은 능동적이라고 '편의상' 말하지만, 그에 따르면 마조히즘적 충동 활동 그 자체는 능동적이다. 그리고 프로이트가 종종 사용했던 용어인 "정동량"은 이 구성요소 중 충동의 힘에 상응하는 표현이라고 할 수 있다. 많은 철학자들이 프로이트가 충동의 역할을 중시하지 않고 표상만을 중시했다고(또는 '재현 중심주의'라고) 주장하고 비판하는데, 이는 프로이트 이론에 대한 오해 또는 무지에서 비롯되는 비판임을 알 수 있다. 그리고 '충동의 목표'는 만족이다. 그리고 특히 중요한 점은 프로이트에 따르면 '충동의 대상'은 가변적이며, 따라서 본능의 대상과 달리 충동은 다른 대상에서도 만족에 도달할 수 있다는 사실이다. 그리고 일단 만족에 도달하면 활동이 일정 기간 정지되는 본능과 달리 충동은 항구적으로 활동한다.

충동의 대상이 가변적이라는 것은 정신분석적 사유와 임상 실천과 관련해 특히 중요하다. 언급했듯이 충동은 반드시 대상을 가지며, 대상에 도달할 수 없을 때에도 '다른 대상'에서 만족을 얻을 수 있다(예를 들면 대리만족 또는 승화). 바로 이 점이 프로이트의 충동이 근본 개념이라는 위치를 가질 수 있는 가장 중요한 이유 중 하나가 아닐까 한다. 충동의 대상이 가변적이지 않다면 정신분석적 의미의 증상이나 정신병리적 현상이 결코 생겨날 수 없을 것이며, 치료나 승화도 불가능해질 것이다. 프로이트에 따르면 충동이 직접적 대상에서 만족에 도달하지 못해도 어떤 다른 대상에서 만족을 얻을 수 있으며, 이러한 만족도 충동 만족에 해당한다. 많은 이들이 이 점을 오해하기 때문에 프로이트에 대해 '재현 중심주의'라는 잘못된 비판을 제기해 왔다. 프로이트에 따르면 충동은 다른 길을 통해서도 만족에 도달할 수 있다. "…모든 충동의 최종 목표는 불변이라고 할지라도, 다양한 길을 통해 동일한 최종 목표에 도달할 수 있다. 그리하여 더 가까이 있는 다양한 목표들이나 ─서로 결합하거나 교환되는─ 중간 목표들이 충동에 생겨날 수 있다. 경험을 통해 우리는 '목표에 도달하는 것이 억제된(zielgehemmt) 충동'에 관해 이야기할 수 있다."(1권 59쪽, 강조는 역자) 목표 도달이 억제되어도 충동 만족이 일어날 수 있다는 충동의 속성 때문에, 인간은 정신병 상태에서 벗어나 신경증자(정상인) 상태로 변화할 수 있으며, 충동의 무제약적인 만족 추구로부터 벗어나 합목적적이고 질서 있는 만족스러운 인간관계와 공동체를 구성할 수 있다.

이때 개인과 사회는 다소간의 억압이라는 대가를 지불해야 한다. 정확히 이러한 이유로 '억압 자체'가 존재하지 않는' 충동 만족을 추구해야 함을 주장하는 현대철학자들이 다수 존재한다. 그러나 이러한 이론은 신경증과 정신병의 구분을 사라지게 하며, 전자를 폄하하고 후자를 특권화한다. 이러한 이론은 이론적 측면은 물론 임상적으로도 설득력이 없을 뿐만 아니라, 개인과 사회적 차원에서 충동 만족을 과도하게 강조하고 사회적 '무정부상태'를 옹호하는 오류를 범하고 있다. 그리고 이러한 이론은 사실상 많은 유의미한 사회적 개혁의 시도에 대해 억압적이고 보수적 또는 미온적 개혁이라고 비판하며, 합리적 대안을 제시하지 않은 채 억압 없는 충동 및 욕망 만족을 추구하는 편향성을 보인다.

이들 철학자는 이론적 측면에서뿐만 아니라 실천적 측면에서도 프로이트를 보수적 사상가로 간주하며 별다른 논의 없이 자주 그를 비판한다. 그러나 프로이트가 '최소한의 억압'이 불가피하다고 생각했을지라도(억압이 없다면 '이드'만이 인간과 사회를 지배할 것이므로), 그를 단순히 보수주의자라고 비판할 수는 없을 것이다. 그는 무의식이나 이드가 (전)의식이나 자아를 압도하고 지배하는 개인과 사회의 상태를 결코 이상적 상태로 제시하지 않았다. 그는 니체주의자가 아니었다. 그러나 그는 과도한 개인적 사회적 억압을 비판했고 그것을 완화시켜야 할 필요성에 대해 역설했다. 그는 억압이 단순히 개인적 차원에서가 아니라 가족, 사회, 문화, 정치의 집단적 영역에서 발생한다는 것을 물론 알고 있었다. "사회가 사회의 문화적 이상에 봉사하도록 하기 위해 인간에게 부과한 박탈(Versagung)의 정도를 견딜 수 없기 때문에 인간은 신경증자가 된다."(「문화 속의 불편함」, *G. W.*, Bd. 14, S. 446) 그는 정치적으로도 권위주의와 전체주의, 그리고 공산주의의 억압적인 권력과 사회정치 제도를 비판하고, 성적 자유를 포함, 개인적 자유와 사회적 평등을 옹호했다(「왜 전쟁인가」, *G. W.*, Bd. 16, S. 16). 프로이트도 니체처럼 힘과 폭력에 근거하지 않은 정의란 존재하지 않는다고 믿었음에도 말이다.

프로이트가 충동 개념을 바탕으로 주체 형성과 타자의 상관관계를 변증법을 설명했다는 점도 충동의 메타심리학과 관련해 매우 중요한 기여에 속한다. 이에 대한 프로이트의 설명도 복잡하지만 핵심적인 내용만을 간략히 언급할 것이다. 프로이트는 충동의 운명들(변화 과정과 그 귀결)의 네 가지 형태로서 "반대물로의 전환, 자기 자신으로의 방향 전환, 억압, 승화"(1권 66쪽)를 언급한다. 그는 억압에 대한 논의를 위해 따로 「억압」이라는 논문을 썼고, 승화에 대해서도 별개의 글을 통해 언급할 것이라고 말했다(그러나 승화에 관한 그의 글은 출간되지 않았다). 따라서 「충동들과 충동의 운명들」에서 그는 반대물로의 전환과 자기 자신으로의 방향전환에 대해서만 길게 논의한다. 반대물로의 전환의 예로서 그는 사디즘과 마조히즘, 그리고 관음증과 노출증을 예로 제시한다. "마조히스트는 자기 자신에 대한 분노를, 노출증자는 자기 자신을 벌거벗기기를 함께 즐기고 있다"(1권 67쪽)는 것이다. 물론 프로이트는 정신병리 또는 병리적 주체에 관해 논의하고 있지만, 충동의 속성에 근거한 그의 이러한 주체와 타자의 관계에 관한 이론이 주체 형성과 타자 존재의 관계에 관한 일반적 논의로 확대될 수 있다는 것은 의심의 여지가 없다. 충동에 기반을

둔 인간 존재는 충동의 이러한 속성 때문에, 타자 또는 대상과 서로 위치를 바꿀 수 있으며, 양자는 처음부터 서로 불가분의 관계를 맺고 있다. 노출증과 관음증의 관계에 대해서도 유사한 논의를 전개한다. 충동은 "ⓐ 능동성으로서의 관찰하기(보기)가 낯선 대상을 향한다. ⓑ 대상의 포기, 즉 시각충동(Schautrieb)이 자신의 몸의 부분으로 방향전환. 이와 더불어 수동성으로의 전환과 보이기라는 새로운 목표를 설정하기. ⓒ 새로운 주체를 설정하기. 사람들은 이 새로운 주체가 자신을 보도록 이 주체에게 자기 자신을 보인다."(1권 72쪽)

「충동들과 충동의 운명들」에서 프로이트는 사디즘과 마조히즘을 설명하면서 사디즘이 마조히즘에 우선한다고 말했지만, 후에 「마조히즘의 경제적 문제」에서 견해를 수정하고 마조히즘의 우위를 천명한다(이에 대해서는 3권 「역자 후기 및 해제」 참조). 놀랍게도 들뢰즈 같은 철학자는 자신의 저서 『마조히즘』에서 프로이트가 견해를 변경했다는 사실에 대해 전혀 언급하지 않았으며, 프로이트가 사디즘의 우위를 주장했다고 암시하고 그를 비판했다.

「충동들과 충동의 운명들」의 더 상세한 내용에 대해서는 『전집』 1권 「역자 후기 및 해제」의 'II. 무의식, 억압, 충동' 부분을 참조하라.

지금까지의 논의를 정리해 보자. 메타심리학이라는 용어가 갖는 광범위한 의미를 고려한다면, 이미 언급한 바 있듯이 메타심리학적 저작은 단지 1915년에 쓴 논문들뿐만 아니라 초기에서 후기에 이르기까지 "정신분석을 위한 견고한 이론적 근거" 마련을 위해 그가 저술했던 많은 체계적이고 이론적인 저작들을 모두 포괄한다고 말할 수 있다. 『[심리학] 초안』, 『꿈의 해석』 7장, 「나르시시즘의 도입을 위하여」, 「쾌락원칙을 넘어서」, 「자아와 이드」, 「방어 과정에서의 자아분열」 등 많은 그의 저술들이 이에 속할 것이다.

프로이트에게 정신분석(학)은 하나의 동질적이고 통일적인 학문 분과가 아니었다. 그에게 정신분석이 단순히 '임상경험의 집적'과 동일한 것이 아니었음은 물론이거니와, 더 나아가 그것은 정신병리를 치료할 수 있게 하는 지식들의 체계인 '임상 이론'이나 '실천적 과학'만을 의미하지도 않았다. 그는 자신이 창립한 정신분석이 심리 치료를 위한 임상 이론임에 틀림없지만, 동시에 그것은 이러한 담론에 대해 어떤 이론적 해명을 시도하는, 일종의 보편적 메타 이론이라는 것을 명확히 인식하고 있었다. 그에게 정신분석은 무의식의 본질과 작용 메커니즘, 심리장치들의 구조와 기능, 그리고 정신병리 현상들의 성립 메커니즘 등에 관해 체계적 설명을 제공하는 '근본적 심리 이론(Seelenkunde)'이었던 것이다. 그리고 메타심리학으로서의 정신분석은 개인 심리를 규명하는 것으로만 과제를 제한하지 않았으며, 가족이라는 가장 직접적인 사회적 환경으로부터 출발해 문화적·사회적, 그리고 정치적 활동 일반 및 윤리의 문제들을 포괄적으로 분석하고 해명하는 데에도 유용한 학문이라고 프로이트는 생각했다.

프로이트의 저작을 읽고 공부할 때 반드시 염두에 두어야 할 것은 그의 임상 이론 및 메타심리학이 처음부터 완성되어 통일적인 형태로 존재한 것이 아니라, 임상경험이 풍부해짐에 따라 계속적으로 수정, 발전되었다는 사실이다. 이러한 과정을 잘 이해할 때만 프로이트 이론의 전반적인 내용은 물론 프로이트 이후 다양한 분파들을 통해 전개되었던 정신분석과의 연속성과 차이점을 명확히 파악할 수 있다. 특히 라캉은 프로이트 이후의 정신분석이 프로이트 이론과 임상을 망각하고 이로부터 이탈했다고 비판했다. 이러한 라캉의 비판과 평가가 유의미한 점이 많다고 하더라도, 이러한 비판에 과도하에 얽매이는 것은 오히려 프로이트에 대한 우리의 시야를 편협하게 만들 위험이 있다.

정신분석 전반에 대한 종합적인 체계적 역사적 연구를 위해서는 이의 출발점이 되었던 프로이트 정신분석의 발달 과정을 섬세하고 체계적으로 이해할 필요가 있다. 예를 들면 정신분석에서 가장 중요한 충동, 무의식 등과 같은 "근본 개념들"도 프로이트의 임상경험이 풍부해짐에 따라 그 의미가 변화, 발전했으며 섬세하고 풍부한 의미가 덧붙여졌다. 프로이트를 공부한다는 것은 새롭고 다양한 임상경험에 직면해, 이미 그 자신이 발전시킨 어떤 개념이나 이론을 그 스스로가 어떻게 수정하고 새롭게 발전시키는지 그 과정을 추적하고 탐구하는 것을 포함한다. 이러한 과정을 통해서만 우리는 프로이트 정신분석의 전반적인 발달 및 변화 과정과 그것의 임상적, 이론적 의미, 그리고 철학적 함의들을 깊이 있게 파악할 수 있으며, 더 나아가 프로이트 이후 전개된 정신분석 이론과 임상을 명료하게 이해할 수 있다.

프로이트의 글을 명료하고 체계적으로 이해하는 데 도움이 될 수 있도록 우선 역자는 초기에서부터 후기에 이르는 프로이트의 '넓은 의미의' 메타심리학적 저작들을 주제별로 묶어『전집』1권에서 4권으로 나누어 번역했다. 네 권의 역서들의 번역 대본으로는『프로이트 전집 연구판본(*Studienausgabe*) 3: 무의식의 심리학』(*Die Psychologie des Unbewussten*, Frankfurt am Main: Fischer, 1989, 7. Aufl.)에 수록된 프로이트의 논문을 사용했다.『프로이트 전집 연구판본』을 사용한 것은 무엇보다도 이 판본이 편집자의 체계적인 해설을 포함하고 있어, 프로이트의 글들을 깊이 이해하고 연구하는 데 결정적인 도움을 줄 수 있다고 생각했기 때문이다. 독자들은 각 논문에 붙인 편집자 서론을 통해 프로이트 저작들의 개별적 의미는 물론 각 저작의 이론적, 체계적 연관성에 관한 중요한 정보와 지식을 얻을 수 있을 것이다. 프로이트의 글을 직접 읽기 전에 편집자 서론을 미리 읽는다면, 프로이트 저작을 직접 읽고 공부하는 데 도움이 되는 통로를 발견할 수 있을 것이다.

이와 더불어 역자는 중복 설명을 피하기 위해 가능한 한 「편집자 서론」에서 제시된 내용 이외의 것을 중심으로 「역자 후기 및 해제」를 집필하고자 했다. 이를 통해 프로이트 이론과 임상의 중요한 내용에 대한 해설을 제시할 뿐만 아니라, 더 나아가 기존의 프로이트 연구에서 다루지 않았거나 못했던 내용들을 중심으로 프로이트에 대한 역자 자신의 해석(론)을 간략히 제시할 것이다. 물론 이러한 모든 설명과 해석들이 프로이트의 저작을 직접 읽고 공부하는 것을 대체하지는 못할 것이다.

『전집』 4권에는 「꿈 이론에 대한 메타심리학적 보충」, 「애도와 멜랑콜리」, 「신경증과 정신병」, 「신경증과 정신병에서의 현실 상실」, 「'신기한 글쓰기판'에 대한 소고」, 「부정」, 「절편음란증(물신주의)」,「방어 과정에서의 자아분열」을 수록했다. 이제 이하에서 이 주제와 관련된 몇 가지 중요한 내용에 대해 더 언급해 보고자 한다.

II. 멜랑콜리와 애도, 절편음란증(물신주의), 부정(성), 부인,
자아분열, 신경증과 정신병에서의 현실 상실

「애도와 멜랑콜리」는 대중적으로도 널리 알려져 있는 저작으로서, 프로이트의 정신분석 작업의 심화뿐만 아니라 프로이트 이후 정신분석 이론 발달에서 결정적 영향을 미친 중요한 저술이다. 「편집자 서론」에서 우선 우리는 이 논문이 형성되기까지의 상세한 과정을 읽을 수 있다(이 책의 41~44쪽). 또한 편집자가 역시 서론에서 언급하고 있듯이 프로이트가 「애도와 멜랑콜리」를 집필할 수 있었던 것은 그가 1년 전에 나르시시즘과 자아이상 개념을 도입했기 때문이다.

멜랑콜리에 관한 프로이트의 이 글은 우울증을 포함해 프로이트 임상 전반에 대한 기초를 놓았을 뿐만 아니라 정신분석적 주체 형성 이론을 확립에 결정적으로 기여했다. 이 논문에서 우선 프로이트는 애도와 멜랑콜리의 차이점에 대해 주목한다. 애도와 멜랑콜리는 유사한 점이 많다. 애도(슬픔)는 "사랑하는 사람의 상실 또는 사람 대신에 그 자리를 차지한 추상적인 것, 예를 들면, 조국, 자유, 이상 등의 상실에 대한 반응"이다. 그러나 애도가 "정상적인 삶의 상황으로부터의 심각한 이탈을 동반한다고 할지라도" 그것은 특별히 병적이지 않다. 반면 멜랑콜리는 "깊은 고통의 정서, 외부세계에 대한 관심의 소멸, 사랑 능력의 상실, 일하는 데 심리적 어려움을 느낌, 자존감의 저하", 즉 "자기비하와 자기비난 속에서 표현되며 망상적 처벌 기대"로까지 확대되는 병적 상태를 지칭한다(이 책의 50~51쪽). 그러나 멜랑콜리자는 자신이 "무엇을 상실했는지"(이 책의 54쪽) 명확히 알지 못한다. 멜랑콜리 환자는 자신이 무가치하고 도덕적으로 비난받아야 마땅하다고 말하지만, 프로이트에 따르면 이들이 오히려 "예의 바르고 유능하며 의무감"이 있는 경우도 많다(이 책의 57쪽).

프로이트에 따르면 이러한 모순적이 일이 발생하는 것은 멜랑콜리 환자의 자기 비난이 사실 대상에 대한 비난이라는 사실에 연유한다. "멜랑콜리 환자의 다양한 자기비난을 들으면, 자기비난 중 가장 강력한 것은 종종 자기 자신에 해당하지 않고 … 다른 사람 —환자가 사랑하고 사랑했거나 사랑해야 하는 사람—

에게 적용된다는 인상을 받지 않을 수 없다."(이 책의 59쪽) "대상 자체는 포기되지만, 포기될 수 없는 대상 사랑은 나르시시즘적 동일화로 도피한다."(이 책의 65쪽) 멜랑콜리자의 자기비난은 어떤 의미에서든 자신을 떠난 상실한 대상에 대한 비난이다. 사랑과 증오의 양가감정에 의해 항상 지배되는 대상 관계에서 가장 큰 증오 또는 비난은 대상이 주체를 떠났을 때 생겨날 것이다.

대상 상실 때문에 어려움을 느끼는 주체는 상실한 대상과 **동일**화함으로써 대상 상실을 인정하고 수용할 수 있게 된다. 그러나 멜랑콜리자는 진정으로 이를 받아들이지 못하고 대상과 나르시시즘적으로 동일화함으로써 병적 멜랑콜리 상태에 빠진다. 주체는 자신을 떠난 대상에 대한 증오와 비난을 그 대상과 나르시시즘적으로 동일화한 자아에게 돌린다. 그러나 근본적으로 비난은 대상을 향한 것이므로 멜랑콜리자는 수치감을 느끼지 않은 채 공공연하게 대상과 동일화한 자신을 폄하하고 공격한다(이 책의 60쪽).

멜랑콜리자는 상실한 대상 대신 다른 대상으로 자유롭게 리비도를 투여하지 않고, 자신 속으로, 즉 동일화한 대상으로 되돌아감으로써 대상점령을 취소한다. "대상의 그림자가 자아 위에 드리워"진다(이 책의 61쪽, 강조는 역자). 프로이트는 이를 "대상과의 나르시시즘적 동일화", 또는 "나르시시즘으로의 **퇴행**"(이 책의 62쪽, 강조는 원문)으로 설명한다.

프로이트는 "동일화가 대상 선택의 전 단계"라고 말한다(이에 대해서는 이 책의 44~46쪽 참조). 특히 나르시시즘적 동일화 또는 이에 근거한 멜랑콜리는 심각할 경우에는 정신병적 성격을 가지며, 이 점에서 대상 상실을 극복하고 다른 대상 대상으로 리비도를 투여할 수 있는 애도와는 구분된다.

「애도와 멜랑콜리」에서의 대상과의 동일화에 관한 논의는 「자아와 이드」에서 주체 형성에 관한 보편적 논의로 확대된다(2권 「역자 후기 및 해제」 참조). 「자아와 이드」에서 프로이트는 이렇게 말한다. "우리는 이를 멜랑콜리의 경우와 마찬가지로 자아 속에 대상이 설치되는 것으로 기술해야 한다. … 아마도 자아는 이러한 내사(Introjektion) ―이는 구순적 단계의 메커니즘으로의 일종의 퇴행이다― 를 통해 대상 포기를 용이하게 만들거나 가능케 할 것이다. 아마도 이러한 동일화가 이드가 자신의 대상을 포기하는 조건일 것이다."(2권 114쪽)

또한 주목할 만한 것은 우울증 임상을 계기로 프로이트는 「쥐인간 사례」 등 강박증 연구에서 이미 면밀하게 고찰한 바 있는 사랑과 증오의 **양가감정**에 대해 다시 언급한다는 것이다. 대상 상실을 계기로 멜랑콜리자는 대상 관계 속에 이미 내재해 있던 양가감정, 특히 미움이 명백하게 표출된다.

> "대상 자체는 포기되지만, 포기될 수 없는 대상 사랑은 나르시시즘적 동일화로 도피한다. 이때 이러한 대체 대상에서 미움이 활동하는 것이다. 미움이 사랑 대상을 경멸하고 모욕하며 고통을 가하고, 이러한 고통을 통해 사디즘적 만족을 얻음으로써 말이다. 의심의 여지 없이 풍부한 만족을 제공하는(genußreich) 멜랑콜리적 자기학대는 강박증이라는 상응하는 현상이 그러하듯이, 사디즘적인 증오 경향 —우리는 이것이 대상에 적용되며 이러한 길을 경유해 자기 자신으로 전환됨을 경험한다— 의 만족을 전적으로 의미한다."(이 책의 65쪽)

그리하여 프로이트는 멜랑콜리자의 "자살 경향이라는 수수께끼"를 대상에 대한 증오심이 자신을 향했기 때문에 생겨나는 것이라고 설명한다(이 책의 66쪽).

그렇다면 조증은 무엇인가? 조증과 우울증(멜랑콜리)은 모두 대상 상실이라는 공통점을 갖고 있지만, 프로이트는 전자의 경우 "자아는 대상 상실(또는 상실에 대한 슬픔 또는 아마도 대상 자체)을 극복했음에 틀림없다"(이 책의 72쪽)고 말한다. 물론 이때 프로이트가 말하는 조증에서의 대상 상실의 극복은 정상적 애도에서의 대상 상실의 극복과는 물론 다르며, 우울증(멜랑콜리)과도 구분된다. 조증과, 우울증(멜랑콜리) 및 애도를 구분해 주는 것은 대상에 대한 "승리감"이다. "멜랑콜리의 우울증과는 전적으로 반대로 … 우리는 조증은 … 승리감에 다름 아니라고 말하고자 한다."(이 책의 71쪽) 프로이트 연구자들은 그다지 주목하지 않았지만, 이는 조증은, 양가감정의 투쟁에서 주체가 대상에 대한 사랑보다 미움을 더 강화함으로써 생겨난다는 것을 의미한다. 강박적 자기비난에도 "조증적 성격을 가진 승리감이 등장할 여지는 전혀 없다."(이 책의 78쪽) 이렇게 본다면 조증 또는 조적 방어는 멜랑콜리 또는 증오에 대한 더욱 병적인 방어라고 할 수 있을 것이다.

이러한 맥락에서 우리는 프로이트가 멜랑콜리와 (대상 상실의 현실을 받아들이고 훗날 리비도를 다른 대상으로 향할 수 있는) 정상적 애도의 차이점에 대해 설명하면서 다시 양가감정에 대해 언급한다는 점을 주목할 필요가 있다.

"그러나 멜랑콜리는 … 정상적 애도 이상의 것을 그 내용으로 갖고 있다. 멜랑콜리에서 대상과의 관계는 단순하지 않다.

그것은 양가감정 갈등에 의해 더 복잡해진다. 양가감정은 …
이 자아의 사랑 관계에 달려 있거나, 또는 대상 상실의 위협을
동반하는 체험들로부터 나온다. 따라서 그 동인에 있어서 멜
랑콜리는 일반적으로 단지 실제적 상실, 대상의 죽음에 의해
촉발되는 애도를 훨씬 넘어선다. 그렇다면 멜랑콜리에서는 대
상을 둘러싼 수많은 개별적 투쟁이 실을 잣듯이 진행된다. 이
투쟁에서는 미움과 사랑이 서로 싸우는데, 전자는 대상으로부터
리비도를 분리시키려는 투쟁이고, 후자는 [심리적 고통의] 쇄도
에 맞서 리비도 위치를 지키려는 투쟁이다."(이 책의 75쪽, 강조는
역자)

멜랑콜리자의 자아는 사랑 대상에 대한 리비도 점령을 계속
유지함으로써, 자아이상과 갈등(이러한 갈등이 의식화될 수 있다 하더
라도)에 빠진다는 점에서 애도와 차이가 있다.

"우리가 알고 있듯이 멜랑콜리의 특징적인 귀결은 다음과
같다. 위협받은 리비도점령은 결국 대상을 떠난다. 그러나 그
것은 자신의 출발점이었던 자아의 위치로 되돌아갈 뿐이다.
이렇듯 사랑은 자아 속으로의 도피를 통해 제거를 모면한다.

리비도의 이러한 퇴행이 일어난 후 그 [멜랑콜리적] 과정은 의식
될 수 있고, 자아의 한 부분과 비판적 심급 사이의 갈등으로서
의식에게 자신을 드러낸다."(이 책의 76쪽)

이제, 「부정」에 대해 언급해 보자. 매우 짧은 논문이지만 여기
에서 신경증, 도착증, 정신병의 차이에 대한 구별적 임상에 관
한 논의가 더욱 심화된다는 점에서 「부정」은 프로이트의 메타심
리학 작업에서 매우 중요한 위치를 차지한다. 이 논문에서 프로
이트는 환자가 할 수 있는 간단한 말을 제시하면서 논의를 시작
한다. 어떤 환자가 "당신은 꿈속의 이 사람이 누구냐고 묻습니
다. 그 사람은 어머니가 아닙니다." 프로이트는 다음과 같이 해석
한다. "그러므로 그 사람은 어머니입니다."(이 책의 127쪽, 강조는 원
문) 아주 단순해 보이는 이 사례를 통해 프로이트는 억압, 판단
및 사고하기, 지적 기능 등에 관한 정신분석적 논의를 다시 한번
제시한다. 이 사람이 '부정'을 통해 어떤 진술을 제시한다는 것은
"부정된다는 조건하에서 의식으로 뚫고 들어올 수 있"(이 책의 129
쪽, 강조는 원문)음을 의미한다. 이를 프로이트는 "부정의 상징"이
라고 부른다(이 책의 130쪽). 억압과 관련해 부정의 상징이라는 표
현을 사용했다는 점은 아주 중요하다. 「신경증과 정신병에서의

현실 상실」에서도 프로이트는 정신병과 신경증의 차이점에 대해 논의하면서, 정신병과 달리 "신경증의 환상세계"는 "신경증이 방어해야 하는" "현실의 부분"에 "특별한 중요성과 비밀스러운 의미를 부여"한다는 사실을 지적하고, "비밀스러운 의미를 상징적"이라고 부를 것을 제안한다(이 책의 107쪽, 강조는 원문). 이러한 과정을 통해 프로이트는 신경증의 핵심 메커니즘이 억압이며 이와 관련되는 상징화에 대해 더욱 명확한 설명을 제시할 수 있었다. 후에 다시 논의하겠지만 프로이트는 「신경증과 정신병」, 「신경증과 정신병에서의 현실 상실」에서 부인(Verleugnung)을 정신병에 고유한 메커니즘으로 보았지만, 「절편음란증(물신주의)」에서는 이 견해를 수정하고 부인은 도착증의 고유한 메커니즘임을 확정한다.

언급했듯이 부정의 상징을 통해 억압된 것이 의식을 뚫고 들어오는데, 프로이트에 따르면 이것은 이미 "억압의 제거"이지만 주체가 억압된 것을 받아들인다는 것을 의미하지는 않는다(이 책의 129쪽). "부정의 도움으로 억압 과정의 하나의 결과만이 취소"되기 때문이다. "표상의 내용이 의식에 도달하지 못한다"(이 책의 129쪽)는 것이다. 더 정확히 말하면 "억압된 것을 일종의 지적인 방식으로 받아들이는 것이 가능"해지지만 그럼에도 "억압된 것

의 본질적 부분은 계속 유지된다.”(이 책의 129쪽)

더 나아가 프로이트는 부정(성)과 관련해 “지적 판단기능”의 “심리적 근원”에 관해 논의하면서, “부정적 판단은 억압의 지적 대체물”이라고 말한다(이 책의 130쪽). 주체가 부정의 상징을 사용한다는 것은 억압이 여전히 유지되고 있음을 의미하지만, 동시에 “사고(하기)는 억압의 제약으로부터 자유로워지며, 자신의 활동을 위해 반드시 필요로 하는 [사고의] 내용을 풍부하게 만든다.”(이 책의 130쪽)

여기에서 프로이트는「심리적 사건의 두 원칙에 관한 정식화」에서 논의(3권「역자 후기 및 해제」참조)한 바 있는 사고(하기) 기능에 대한 정신분석적 견해를 더욱 발전시킨다. 정신분석적 관점에서 사고(하기)란 무엇을 의미하는가?「부정」에 따르면 사고하기는 두 가지 판단기능, 즉 속성판단과 존재판단을 행한다. 쾌락원칙에 의해 지배받는 자아는 어떤 것이 자신에게 유용하거나 좋은지 또는 해로운지를 판단하며(속성판단), “최종적 현실자아”는 “자아 속에 표상으로 존재하는 어떤 것이 지각(현실) 속에도 다시 발견될 수 있는가”를 판단한다(존재판단). 이를 통해, 쾌락원칙에 의해 지배받던 주체는 현실원칙을 발달시키고, 이와 더불어 “외부와 내부” 또는 주체와 대상의 구분이 명확히 생겨난다(이 책의

131쪽). 이러한 프로이트의 주체 이론은 또한 「충동들과 충동의 운명들」에서도 전개되었다('I. 총론' 참조).

언급했듯이 판단기능에는 속성판단과 존재판단이 있는데, 이와 관련해 프로이트는 "현실 검사의 최초의 우선적인 목표는 표상된 것에 상응하는 대상을 실제적 지각 속에서 발견하는 것이 아니라 그것을 재발견"(이 책의 132쪽, 강조는 원문)하는 것이라고 말한다. "표상 속에서 지각을 재생산하는 것이 항상 충실하게 지각을 반복하는 것은 아니다. 재생산은 생략을 통해 수정될 수 있고, 상이한 요소들의 융합을 통해 변화될 수 있다. 그렇다면 현실 검사가 해야 하는 일은 이러한 왜곡이 어느 정도에 달하는지 검토하는 것이다. 그러나 우리는 한때 만족을 가져다주었던 대상들이 상실되었다는 것이 현실 검사의 착수를 위한 조건이라고 생각한다."(이 책의 133쪽, 강조는 역자)

대상의 발견은 항상 재발견인데, 이는 지각을 충실하게 반복하는 것이 아니다. 프로이트가 말하는 재발견은 원초적 만족을 주었던 사물의 상실이 상실되었음을 전제하고 있기 때문이다. 여기에서 알 수 있듯이 우리는 이러한 논의를, 「애도와 멜랑콜리」, 「자아와 이드」 등에서 주체 형성 조건으로서 대상의 상실에 관한 그의 논의와 연속선상에서 이해할 수 있다.

「심리적 사건의 두 원칙에 관한 정식화」에서 프로이트는 사고 작용의 기능의 직접적 만족의 연기, 즉 행동의 연기이며, 이것이 쾌락원칙에서 현실원칙으로의 이행의 진정한 출발점임을 밝힌 바 있다. 이제 「부정」에서 그는 "판단한다는 것은 운동 행위의 선택에 대해 결정하고, 사고의 연기[사고에 의한 행동의 연기]를 끝내고, 사고로부터 행동으로 인도하는 지적인 행동"이라고 말한다(이 책의 133쪽, 강조는 역자). 이렇듯 판단에 대한 연구를 통해 프로이트는 판단 또는 사고(하기)는 "쾌락원칙에 따라 자아 속으로 받아들이는 것 또는 자아 밖으로 축출하는 원래의 행위를 합목적적으로 발전시키는 것"임을 밝힌다. "판단에 대한 연구는 일차적 충동자극의 작용으로부터, 아마도 최초로 지적 기능의 발생에 대한 통찰력을 열어 주었다."(이 책의 134쪽, 강조는 역자)

이에 따르면, 판단 특히 존재판단은 쾌락원칙에 따라 대상을 흡수(Einbeziehen) 또는 축출하는 행위를 포기하고, 사랑했던 대상의 상실을 받아들임과 동시에 이 대상을 내면화하는 것, 그리고 현실에서 대상을 재발견하고자 하는 사고 행위가 발달한다는 것을 함축한다. 프로이트는 부정의 상징에 의해 지배되는 억압 메커니즘 속에는 현실원칙과 존재판단이 작동하고 있으며, 쾌락원칙에 의해 지배되는 속성판단은 자아 속으로의 흡수 또는 외부로의 축출 등과 같은 투사 메커니즘의 지배를 받는다고 말한다. 프로이트는 「레오나르도 다빈치의 아동기 기억」 그리고 「슈레버 사례」에서 신경증과 구분되는 도착증 그리고 정신병에서 투사 메커니즘이 우세하게 작동하고 있음을 보여 주었다.

이미 프로이트는 「쾌락원칙을 넘어서」에서 죽음충동 개념을 도입했기 때문에 이러한 관점에 따라 「부정」에서 그는 부정을 파괴충동 또는 죽음충동과 연결시키며, 반면 결합의 대체물로서의 긍정을 에로스(삶충동)에 속하는 것으로 간주한다(이 책의 134쪽). 특히 정신병의 경우 죽음충동은 부정의 상징의 매개가 없는 "부정주의"로 표출된다. 그리고 정상인 또는 신경증자의 "사고"는 "부정의 상징을 창조함으로써 … 쾌락원칙의 강박으로부터 독립할 수 있게" 되었으며, 따라서 "판단기능의 활동이 가능해진다."(이 책의 135쪽) 정신병에 고유한 부정주의는 "축출의 후계자"이며, 여기에서는 (결합의 대체물로서의) 긍정성이 존재하지 않는다.

우리는 프로이트가 말하는 부정(성)에는 다양한 의미가 있음을 알 수 있다. 우선, 억압에 봉사하는 부정이 있다. 이러한 의미의 부정이 「부정」이라는 논문에서 프로이트가 말하는 '억압된 것을 인식하는 한 방식'이기도 하다. 또한 죽음충동의 적나라한 표출에 근거하는 정신병적 "부정주의"가 있다. 언급했듯이 이러한 부정주의는 대상 상실을 받아들이지 않기 때문에, 오히려 부정을 매개로 한 긍정 또는 결합이 존재하지 않는다. 「자아와 이드」에서 프로이트가 말했듯이, 오이디푸스 콤플렉스를 통과함으로써 정상적(신경증적) 주체성이 형성된다는 것은 부모라는 대상을 포기하고 이의 대가로 부모와의 동일화(결합)를 받아들이는 것에 있다. 결합 또는 긍정성은 대상 상실을 전제로 할 때 가능한 것이다. 우리는 긍정(성)의 성립을 가능케 하는 대상 상실을 '근원적인 부정(성)'이라고 부를 수 있을 것이다. 긍정성(결합)은 근원적 부정성의 기반 위에서 가능하다. 신경증적 주체는 부정의 상징을 사용한다는 점에서 정신병적 주체의 부정주의 ―죽음충동의 강력한 표출(축출, 파괴)― 와는 구분된다. "많은 정신병자의 부정주의, 즉 부정을 통해 얻는 일반적 쾌락은 리비도적 구성요소들의 탈락을 통해 충동분리가 발생했다는 표지라고 이해할 수 있다."(이 책의 134~135쪽) 반면 신경증자의 부정은 긍정성을 가능케 하는 부정성, 긍정성에 내재적인 부정성이다.

일찍이 「무의식」에서 프로이트는 무의식에는 부정이 존재하지 않는다고 말한 바 있다. 여기에서도 마찬가지로 프로이트는 "무의식에서 '아니오'를 발견할 수 없다"고 말한다. 그러나 프로이트는 「무의식」에서의 정식을 다음과 같이 재해석하고 있다.

"우리가 분석 작업을 할 때 무의식에서 '아니오'를 발견할 수 없다는 사실, 그리고 자아 편에서 무의식을 인정하는 것이 부정적 공식을 통해 표현된다는 사실은 부정을 앞서 언급한 방식으로 파악하는 것과 아주 잘 부합한다."(이 책의 135쪽, 강조는 역자)

　정신병 임상을 철저히 체계화하지는 못했으나 여러 저작을 통해 이의 초석을 다진 프로이트는 이제 「절편음란증(물신주의)」에서 신경증과 도착증, 정신병의 차이를 해명해 주는 중요한 개념을 제시한다. 우선 그는 억압과 부인의 유사점과 차이점이 무엇인지 설명한다. 「신경증과 정신병」, 「신경증과 정신병에서의 현실 상실」에서 프로이트는 현실 부인이 정신병에 특수한 것이라고 말했지만, 이제 「절편음란증(물신주의)」에서는 이러한 견해를 수정할 수 있게 되었다. 현실 부인은 도착증에서도 작동하는 과정이다.

　동성애자 그리고 절편음란증(물신주의)자는 어머니가 남근을 갖고 있다는 환상을 갖고 있는데 물론 이 환상은 유아기 성 이론의 연속으로, 여자(아이)의 남근 결여가 남자(아이)에게 불러일으키는 거세 불안에 대한 방어이다. 거세 불안을 몰아내기 위해 그는 거세를 부인한다. 이때 남근의 대체물로서 절편음란물(물신)이 생겨날 수 있다(이 책의 144쪽). 논의를 명확하게 진행하기 위해 「절편음란증(물신주의)」에서 프로이트는 우선 라포르그가 말하는 암점화(Skotomierung)에 대해 비판적 논평을 가한다. 프로이트는 그 용어가 "마치 지각이 깨끗하게 지워졌다는 관념을 암시하기 때문"에(이 책의 146쪽) 부인(Verleugnung) 개념을 채택하자고 제안한다. 그는 두 젊은이의 사례를 제시하면서 그들이 현실을 부인했지만 정신병이 발병하지 않았다는 사실에 주목한다. 그들은 각각 2살과 10살에 아버지를 잃었는데 둘 다 아버지의 죽음을 인지하지 못했지만 정신병이 발생하지 않았다(이 책의 150쪽). 조금 뒤에서 프로이트는 이 두 젊은이가 아버지의 죽음을 암점화하지 않았다고 말한다. 이러한 프로이트의 언급은 일견 모순적인 것처럼 보이지만, 그는 이렇듯 모순적인 것처럼 보이는 설명을 통해 암점화와 부인의 차이점에 대해 논하고 있다. 그들이 아버지의 죽음을 인지 또는 인정하지 않은 것은 그들의 심리에는 두 가지 흐름이 존재했기 때문이다. 한편으로는 아버지의 죽음을 인정하지 않았지만, 다른 한편으로는 "이러한 사실을 완전히 참작하는 다른 흐름도 존재했다."(이 책의 151쪽) 부인은 정확히 이러한 분열된 심리적 흐름을 지칭한다. 프로이트에 따르면 이 두 젊은이는 지각을 암점화한 것이 아니라, 현실을 인정하면서도 거부하는 상반된 태도를 보이고 있다. "현실에 부합하는 태

도와 소망 충족을 원하는 태도가 나란히 존재했다.”(이 책의 151
쪽) 절편음란물(물신)은 두 개의 대립하는 심리적 흐름 간의 타협
의 산물이다.

　이러한 논의를 통해 프로이트는 또한 정신병과 도착증의 현실
상실의 차이점을 설명할 수 있었다. 도착증의 경우 현실 부인은
선택적이며, 특히 어머니(여자)에게 남근이 없다는 사실을 부인
한다. 이러한 발견을 통해 프로이트는 일찍이 언급한 바 있는 유
아기 성 이론 ─여자아이가 남근을 갖고 있지 않다는 사실에 대
한 부인─ 을 다시 한번 확정한다.

　그렇다면 프로이트는 억압과 부인의 차이점을 어떻게 설명하
는가?「절편음란증(물신주의)」에서 그는 “억압”을 “정동”과, “부인”
을 표상과 관련시킨다.[113] “우리의 정신분석 용어 중 오래된 것,
즉 ‘억압’이라는 단어가 이미 이러한 병리적 과정과 관련 있다.
우리가 이러한 병리적 과정에서 표상의 운명과 정동의 운명을
날카롭게 구분하고, 억압이라는 표현을 정동을 위해 유보한다
면, 표상의 운명에는 ‘부인’이 적합한 독일어 명칭일 것이다.”(이

---

[113] 「충동들과 충동의 운명들」에서 프로이트는 충동대리자의 양적 요소의 운명을 세
　　가지로 설명하는데, 그중 하나가 억압이다(1권 105~107쪽).

책의 146쪽)

「절편음란증(물신주의)」에서 프로이트는 부인 과정에 내재하는 상충하는 심리적 흐름에 대해 언급했으며, 이제 「방어 과정에서의 자아분열」에서 이를 자아분열과 연결시킨다. 그는 특히 부인이 자아분열에 근거하고 있음을 밝혔지만, 자아분열은 정신병은 물론 신경증에도 존재하는 현상이다. 이미 그는 「자아와 이드」에서 "다중인격"과 관련해 자아의 분열에 대해 말하고 있다(2권 117쪽). 『정신분석 개요』에서 프로이트는 실제로 모든 정신병에 자아의 분열이 존재하며, 신경증에서도 그것을 확증할 수 있다고 말했다.

「절편음란증(물신주의)」을 집필하기 전에 쓴 「신경증과 정신병」, 「신경증과 정신병에서의 현실 상실」에서도 프로이트는 정신병과 신경증의 유사점과 차이점에 대해 논의한 바 있다. 이 글들에서 프로이트는 정신병과 신경증이 커다란 차이가 있음에도 여전히 정신병을 신경증의 억압 메커니즘을 출발점으로 삼아 설명하려는 경향이 다소 남아 있지만, 동시에 그는 양자의 차이점을 밝히고자 노력했음을 주목할 필요가 있다. 정신병과 신경증 모두에서 현실 회피라는 특징이 존재하지만, 그럼에도 이 둘 간에는 차이가 있다. 「신경증과 정신병에서의 현실 상실」에서의 프로이트의 논의 전체는 약간 혼란스럽지만, 억압과 (정신병을 유발하는) 부인을 구분한다. 『히스테리 연구』에서 논의한 바 있는 엘리자베트 사례를 암시하면서 프로이트는 다음과 같이 억압과 부인의 차이점을 설명한다. 엘리자베트가 언니의 죽음을 부인했다면 그것은 정신병적 반응이었겠지만, 신경증자인 엘리자베트는 현실을 부인한 것이 아니라 "형부에 대한 **사랑을 억압함**으로써 현실에서 발생한 **변화의 가치**를 떨어뜨렸다."(이 책의 102쪽, 강조는 역자)

　지금까지 간략히 살펴보았듯이 신경증, 도착증, 정신병에 관한 프로이트의 논의에는 아직 명확하지 않은 점이 남아 있는데, 여기에서 필자는 프로이트가 부정(성), 부인, 자아분열이라는 개념을 제시했다는 점에 주목하면서 그의 구별적 임상에 관한 논의를 이해할 수 있도록 해 주는 메타심리학적, 논리적 관점을 제시하고자 한다. 신경증에서는 모순적인 또는 대립적인 것들이 억압되지만 이 억압된 것은 부정의 상징을 통해 표출된다. 도착증에서는 모순적인 또는 대립적인 것들이 선택적으로 자아 속에 공존한다. 도착증자는 모순적 표상이 모순적이라는 것을 알고 있지만 그것을 **부인한다**(여자에게 남근이 부재하다는 것을 알고 있지만 이를 부인한다). 부정의 상징을 활용할 수 없는 정신병적 주체는 모순적인 또는 대립적인 것들을 모순으로 느끼지 못한다(무의식에는 모순이 존재하지 않는다). 그리고 또한 다음과 같이 말할 수 있다. 신경증의 경우 심리 분열은 이드와 자아 사이에 존재하고, 도착 증은 자아 내부에서 분열되어 있다. 그리고 정신병의 경우에는 자아가 도착증에 비해 훨씬 더 광범위하게 파편화되었기 때문에, 강력한 충동의 침입을 방어할 수 있는 통합되고 일관성 있는 안정적인 자아가 존재하지 않는다. 사고(하기), 질서, 상징화 그리고 근원적 부정(성)에 근거한 결합(긍정성)이 존재하지 않는다. 따라서 정신병적 주체에서는 모순적인 또는 대립적인 것들이 직접적으로, 즉 무매개적으로 일치한다. 그에게 이상적 대상과 박해적 대상이 급격히 연속적으로 또는 동시에 등장하는 것도 이러한 관점에서 설명할 수 있다. 양자를 매개하고 결합해 줄 인격적 대상, 전체 대상, 통합된 자아가 존재하지 않기 때문이다.

끝으로, 절편음란증에 대해 조금 더 언급함으로써 이 해제를 마무리하고자 한다. 절편음란증자를 지배하는 심리적 메커니즘은 물론 부인이다. 그는 여자의 거세를 부인하지만 그 부재한 남근을 절편음란물로 체화하고 대체한다. "절편음란물은 여자(어머니)의 남근 ―작은 소년이 존재한다고 믿었고, 그래서 우리가 그 이유를 알고 있듯이 포기하고 싶지 않은 남근― 의 대체물이다."(이 책의 145쪽) 그는 절편음란물로 남근 부재를 대체한다는 점에서 동성애자와 차이점이 있다. 따라서 그는 거세불안을 더 효과적으로 방어하고 이성애적 대상 선택을 할 수 있게 된다.

절편음란물에 대한 프로이트의 설명도 매우 섬세하다. 음부를 가리는 벨트가 절편음란물인 한 남자의 경우, 그 벨트는 "성기 그 자체와 성기의 차이를 가리는 역할"을 한다. "그것은 여자는 거세되었다는 것, 그리고 또한 여자는 거세되지 않았다는 것을 의미했다. 그리고 더 나아가 남자의 거세를 받아들일 수 있다는 것을 의미했다."(이 책의 152쪽, 강조는 역자) 절편음란증자는 단순히 남근 거세(또는 이의 가능성)만을 부인하는 것이 아니라 "성기 자체", 따라서 성차이를 부인한다. 도착증자는 거세 '가능성'을 결코 받아들일 수 없다는 점에서 남근에 대한 강력한 나르시시즘적 집착을 갖고 있는 주체이다. 그러나 또한 프로이트에 따르면 도착증자의 거세 부인에는 거세의 현실에 대한 '과도한' 인정 또는 수용이 공존한다. 절편음란물은 이러한 모순적인 것들이 압축되어 생겨난 형성물이다. 프로이트가 말하듯이 이러한 표상들은 "상이한 사례들에서 불균등하게 혼합되어 있어서 어느 한쪽이 더 강하게 드러난다." "여자의 머리카락을 자르는 사람"은 "자신이 부인하는 거세를 스스로 행하고 싶은 욕망을 전면에 드러낸다."(이 책의 153쪽)

　지금까지 역자는 「애도와 멜랑콜리」, 「부정」, 「절편음란증(물신주의)」, 「신경증과 정신병에서의 현실 상실」, 「방어 과정에서의 자아분열」 등을 중심으로 프로이트의 메타심리학적 개념들과 이의 정신분석적 의미에 대해 논의했다. 언급했듯이 이 「역자 후기 및 해제」는 역서에 수록된 글들이 다루는 주제 전체를 포괄하지 않으며, 우선 독자들이 프로이트를 직접 읽고 공부하는 데 도움이 될 수 있는 입문적 내용을 중심으로 작성되었다. 또한 지금까지 정신분석을 연구하면서 그동안 역자에게 떠올랐던 질문 중 몇몇에 대해 간략하게나마 대답하는, 역자 자신의 프로이트 정신분석 해석(론)을 이 후기 및 해제에 포함시켰다.

　오래전에 초역을 마쳤지만 독일 피셔출판사와의 의사소통의 문제로 교정 작업을 한없이 미룬 탓에 이제야 번역본을 출간할 수 있게 되었다. 꼼꼼히 원고 교열 및 교정 작업을 해 주신 세창출판사 편집팀과 프로이트 전집 출간을 흔쾌히 허락해 주신 이방원 대표님께 감사드린다.

2025년 5월 25일

역자

이하에서 S. 다음의 숫자는 해당 문헌의 참조 쪽을, 괄호 속의 숫자는 해당 문헌이 독일어 연구판(본)(*Studienausgabe*, III권)에서 인용된 쪽수를 의미한다. 프로이트나 편집자가 직접 참조 또는 언급하는 문헌은 국역본에서 그 제목의 번역을 제시했다. 이하에서 참고문헌은 프로이트 연구자가 직접 참조할 수 있도록 원문 그대로 수록한다.

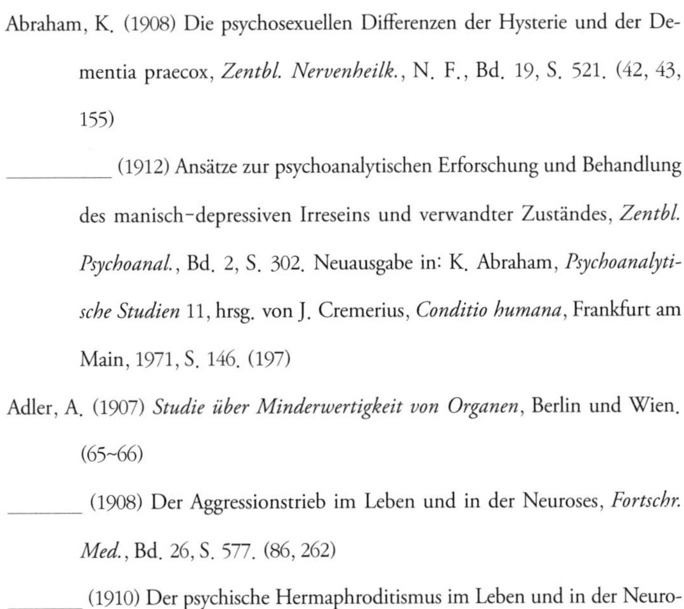

Abraham, K. (1908) Die psychosexuellen Differenzen der Hysterie und der De-
mentia praecox, *Zentbl. Nervenheilk.*, N. F., Bd. 19, S. 521. (42, 43,
155)

__________ (1912) Ansätze zur psychoanalytischen Erforschung und Behandlung
des manisch-depressiven Irreseins und verwandter Zuständes, *Zentbl.
Psychoanal.*, Bd. 2, S. 302. Neuausgabe in: K. Abraham, *Psychoanalyti-
sche Studien* 11, hrsg. von J. Cremerius, *Conditio humana*, Frankfurt am
Main, 1971, S. 146. (197)

Adler, A. (1907) *Studie über Minderwertigkeit von Organen*, Berlin und Wien.
(65~66)

__________ (1908) Der Aggressionstrieb im Leben und in der Neuroses, *Fortschr.
Med.*, Bd. 26, S. 577. (86, 262)

__________ (1910) Der psychische Hermaphroditismus im Leben und in der Neurose, *Fortschr. Med.*, Bd. 28, S. 486. (59)

Aristoteles, *De somniis und De divinatione per somnum*. (191) (Deutsche Über-
setzung: Hermann Bender: Über Träume und Traumdeutung(*De som-
niis*), und Von der Traumdeutung(*De divinatione per somnum*), in *Lan-
genscheidtsche Bibliothek griechischer und römischer Klassiker*, Bd. 25:
Aristoteles VI: *Kleine naturwissenschafliche Schriften*(Parva Naturalia),
Berlin und Stuttgart, 1855~1897, IV. Teil, S. 60~75.

Azam, E. (1876) Amnésie périodique ou dédoublement de la vie, *Ann. med.-psy-
chol.*(5. serie), Bd. 16, S. 5. (32)

________ (1887) *Hypnotisme, double conscience, et altérations de la personnalité*,
Paris. (32)

Bernheim, H. (1886) *De la suggestion et de ses applications à la thérapeutique*,
Paris(2. Aufl., Paris, 1887). (133)

Binswanger, L. (1955) *Erinnerungen an Sigmund Freud*, Bern. (73)

Bleuler, E. (1910) Vortrag über Ambivalenze(Bern), Bericht in *Zentbl. Psycho-
anal.*, Bd. 1, S. 266. (94)

________ (1911) *Dementia praecox oder Gruppe der Schizophrenien*, Leipzig und
Wien. (94, 157~158)

________ (1912) *Das autistische Denken*, Leipzig und Wien. (19)

________ (1914) Die Kritiken der Schizophrenien, *Z. ges. Neurol. Psychiat.*, Bd.
22, S. 19. (132)

Breuer, J. und S. Freud (1893) Freud, S.(1893a)를 보라.

________________________ (1895) Freud, S.(1895d)를 보라.

Butler, Samuel (1880) *Unconscions Memory*, London. (163)

Doflein, F. (1919) *Das Problem des Todes und der Unsterblichkeit bei den Pflanzen und Tieren*, Jena. (256)

Ellis, Havelock (1898) Auto-Erotism: a Psychological Study, *Alien. & Neurol.*, Bd. 19, S. 260. (41)

___________ (1927) The Conception of Narcissism, *Psychoanal. Rev.*, Bd. 14, S. 129; *Studies in the Psychology of Sex*, Bd. VII: *Eonism and Other Supplementary Studies*, Philadelphia, 1928, Kapitel VI. (41)

Fechner, G. T. (1873) *Einige Ideen zur Schöpfungs- und Entwicklungsgeschichte der Organismen*, Leipzig. (218~219, 343)

Federn, P. (1913) Beitrage zur Analyse des Sadismus und Masochismus, I: Die Quellen des männlichen Sadismus, *Int. Zärztl. Psychoanal*, Bd. 1, S. 29. (95)

Ferenczi, S. (1909) Introjektion und Übertragung, *Jb. psychoanalyt. psychopath. Forsch.*, Bd. 1, S. 422. Neuausgabe in: S. Ferenczi, *Schriften zur Psychoanalyse* I, hrsg. von M. Balint, *Conditio humana*, Frankfurt am Main, 1970, S. 12. (98)

___________ (1913a) Entwicklungsstufen des Wirklichkeitssinnes, *Int. Z. ärztl. Psychoanal*, Bd. 1, S. 124. Neuausgabe in: *S. Ferenczi, Schriften zur Psychoanalyse* 1, hrsg. von M. Balint, *Conditio humana*, Frankfurt am Main, 1970, S. 148. (43, 251, 302)

___________ (1913b) *Referat über C. G. Jung, Wandlungen und Symbole der Libido*(Leipzig und Wien, 1912), *Int. Z. ärztl. Psychoanal.*, Bd. 1, S. 391. (47)

_________ (1919) Hysterische Materialisationsphänomene: Gedanken zur Auffassung der hysterischen Konversion und Symbolik, in: *Hysterie und Pathoneurosen*, Leipzig und Wien. Neuausgabe in: S. Ferenczi, *Schriften zur Psychoanalyse* II, hrsg. von M. Balint, *Conditio humana*, Frankfurt am Main, 1972, S. 11. (359)

Ferenczi, S. et al. (1919) *Zur Psycboanalyse der Kriegsneurosen*, Leipzig und Wien. *Internationale Psycboanalytische Bibliothek*, Nr. 1. (222, 242)

Ferenczi, S. und S. Hollós(1922) *Zur Psychoanalyse der paralytischen Geistesstörung*, Wien. (332)

Finkelnburg, F. C. (1870) Niederrheinische Gesellschaft, Sitzung vom 21. März 1870 in Bonn, *Berl. klin. Wschr.*, Bd. 7, S. 449, 460. (173)

Fliess, W. (1906) *Der Ablauf des Lebens*, Wien. (254)

Freud, S. (1888~1889) Ubersetzung mit Vorwort und Anmerkungen von H. Bernheim, *De la suggestion et de ses applications à la thérapeutique*, Paris, 1886, unter dem Titel *Die Suggestion und ihre Heilwirkung*, Wien(II. Teil übers. von O. von Springer). (2. Aufl., revidiert von M. Kahane, Wien, 1896.) Die Vorrede in: *G. W.*, *Nachtr.*, S. 109; eine Fußnote S. 119, Anm. (133)

_________ (1891b) Zar Auffassung der Aphasien, Wien. (122, 127, 133, 159, 165~167, 168~173, 289)

_________ (1893a) und J. Breuer, Über den psychischen Mechanismus hysterischer Phänomene; Vorläufige Mitteilung, *G. W.*, Bd. 1, S. 81; abgedruckt in: J. Breuer und S. Freud, *Studien über Hysterie*(Fischer Taschenbuch Verlag),

Frankfurt am Main, 1970. (105, 223)

_________ (1893c) Quelques considérations pour une étude comparative des para-
lysies motrices organiques et hystériques. *G. W.*, Bd. 1, S. 39. (83, 129)

_________ (1893b) Vortrag: Über den psychischen Mechanismus hysterischer Phä-
nomene(vom Vortr. revidiertes Stenogramm). *G. W.*, *Nachtr.*, S. 181;
Studienausgabe, Bd. 6, S. 9. (83, 223)

_________ (1894a) Die Abwehr-Neuropsychosens, *G. W.*, Bd. 1, S. 59. (17, 113,
295, 323, 332, 382)

_________ (1895b/1894) Uber die Berechtigung, von der Neurasthenie einen be-
stimmten Symptomenkomplex als Angstneurose abzutrennen, *G. W.*,
Bd. 1, S. 315, *Studienausgabe*, Bd. 6, S. 25. (50, 78)

Freud, S. und J. Breuer(1895d) *Studien Über Hysterie*, Wien(Fischer Taschen-
buch Verlag), Frankfurt am Main, *G. W.*, Bd. 1, S. 75; *Nachtr.*, S. 217,
221. (105~6, 123, 129, 132, 143, 145, 147, 187, 199, 235, 236, 240, 244,
289, 358, 366, 374)

Freud, S. (1896b) Weitere Bemerkungen über die Abwehr-Neuropsychosen, *G.
W.*, Bd. 1, S. 379. (115, 277, 279, 357, 358, 390)

_________ (1900a) *Die Traumdeutung*, Wien. *G. W.*, Bd. 2~3; *Studienausgabe*,
Bd. 2. (10, 15~18, 20, 24, 64, 71~72, 77~78, 83, 85, 109, 112, 123~124,
129~131, 133, 137, 142, 145~146, 150~151, 158~160, 177~178, 180~182,
184~188, 191, 204, 219, 224~225, 234~235, 242, 244, 275~276, 279, 289,
293, 295, 349, 375)

_________ (1901b) *Zur Psychopathologie des Alltagslebens*, Berlin, 1904. *G. W.*,

Bd. 4. (140, 146)

_________ (1905c) *Der Witz und seine Beziehung zum Unbewußten*, Wien. *G. W.*, Bd. 6; *Studienausgabe*, Bd. 4, S. 9. (15, 17, 19, 20, 111, 145, 159, 245, 312, 377)

_________ (1905d) *Drei Abhandlungen zur Sexualtheorie*, Wien, *G. W.*, Bd. 5, S. 29; *Studienausgabe*, Bd. 5, S. 37. (39, 41, 44, 51, 54, 76, 78~79, 85~86, 88~89, 92, 97, 101, 111, 150, 195, 243, 262~263, 267, 301, 313, 327, 341, 346~348, 375, 381~382)

_________ (1905e/1901) Bruchstück einer Hysterie-Analyse, *G. W.*, Bd. 5, S. 163; *Studienausgabe*, Bd. 6, S. 83. (348, 372, 377)

_________ (1906a) Meine Ansichten über die Rolle der Sexualität in der Atiologie der Neurosen, *G. W.*, Bd. 5, S. 149; *Studienausgabe*, Bd. 5, S. 147. (106)

_________ (1906f) Antwort auf eine Rundfrage Vom Lesern und von guten Büchern, *G. W.*, *Nachtr.*, S. 662. Auch enthalten in Freud(1960a). (352)

_________ (1907a) *Der Wahn und die Träume* in W. Jensens 'Gravida', Wien. *G. W.*, Bd. 7, S. 31; *Studienausgabe*, Bd., 10, S. 9. (381)

_________ (1907b) Zwangshandlungen und Religionsübugen, *G. W.*, Bd. 7, S. 129; *Studienausgabe*, Bd. 7, S. 11. (77, 279~280, 295)

_________ (1908a) Hysterische Phantasie und ihre Beziehung zur Bisexualität, *G. W.*, Bd. 7, S. 191; *Studienausgabe*, Bd. 6, S. 187. (20)

_________ (1908b) Charakter und Analerotik, *G. W.*, Bd. 7, S. 203; *Studienausgabe*, Bd. 7, S. 203. (296)

_________ (1908c) Uber infantile Sexualtheoriens, *G. W.*, Bd. 7, S. 171; *Studien-*

ausgabe, Bd. 5, S. 169. (381)

__________ (1908e/1907) Der Dichter und das Phantasierens, *G. W.*, Bd. 7, S. 213; *Studienausgabe*, Bd. 10, S. 169. (20, 23, 57)

__________ (1909a/1908) Allgemeines über den hysterischen Anfall, *G. W.*, Bd. 7, S. 235; *Studienausgabe*, Bd. 6, S. 197. (17)

__________ (1909b) Analyse der Phobie eines fünfjährigen Knabens, *G. W.*, Bd. 7, S. 243; *Studienausgabe*, Bd. 8, S. 9. (86, 134)

__________ (1909d) Bemerkungen über einen Fall von Zwangsneuroses, *G. W.*, Bd. 7, S. 381; *Studienausgabe*, Bd. 7, S. 31. (106, 117, 373, 381)

__________ (1910c) Eine Kindheitserinnerung des Leonardo da Vinci, Wien. *G. W.*, Bd. 8, S. 128; *Studienausgabe*, Bd. 10, S. 87. (39, 57, 279, 280~281, 352, 381~382, 384, 388)

__________ (1910g) Zur Selbstmord-Diskussion, *G. W.*, Bd. 8, S. 62. (195)

__________ (1910i) Die psychogene Sehstörung in psychoanalytischer, Auffassungs, *G. W.*, Bd. 8, S. 94; *Studienausgabe*, Bd. 6, S. 205. (79, 260, 279)

__________ (1911b) Formulierungen über die zwei Prinzipien des psychischen Geschehens, *G. W.*, Bd. 8, S. 230; *Studienausgabe*, Bd. 3, S. 13. (28, 47, 71, 97, 145~146, 151, 160, 178, 216, 220, 279, 321~322, 344, 361, 374, 376)

__________ (1911c/1910) Psychoanalytische Bemerkungen über einen autobiographisch beschriebenen Fall von Paranoia(Dementia paranoides), *G. W.*, Bd. 8, S. 240; *Studienausgabe*, Bd. 7, S. 133. (10, 15, 28, 39, 41~43, 47~48, 50, 54, 71~72, 76, 79, 109, 162, 279, 335, 360)

__________ (1912b) Zur Dynamik der Übertragungs, *G. W.*, Bd. 8, S. 364; *Studien-*

ausgabe, Ergänzungsband, S. 157. (42, 94, 351)

_________ (1912c) Uber neurotische Erkrankungstypen, *G. W.*, Bd. 8, S. 322; *Studienausgabe*, Bd. 6, S. 215. (51, 155, 335)

_________ (1912d) Ober die allgemeinste Erniedrigung des Liebeslebens, *G. W.*, Bd. 8, S. 78; *Studienausgabe*, Bd. 5, S. 197. (54)

_________ (1912f) Zur Onanie-Diskussion, *G. W.*, Bd. 8, S. 332. (50)

_________ (1912g) A Note on the Unconscious in Psycho-Analvsis (in Englisch), *Standard Ed.*, Bd. 12, S. 257. (71, 124, 276~277, 284~285). 독일어 번역: Hans Sachs: Einige Bemerkungen über den Begriff des Unbewußten in der Psvchoanalyse, *G. W.*, Bd. 8, S. 430; *Studienausgabe*, Bd. 3, S. 25.

_________ (1912~1913) Totem und Tabu, Wien 1913. *G. W.*, Bd. 9, *Studienausgabe*, Bd. 9, S. 287. (39, 43, 68, 74, 94, 162, 195, 297, 304, 327, 351)

_________ (1913c) Weitere Ratschläge zur Technik der Psychoanalyse: I. Zur Einleitung der Behandlungs, *G. W.*, Bd. 8, S. 454; *Studienausgabe, Ergänzungsband*, S. 181. (134)

_________ (1913i) Die Disposition zur Zwangsneuroses, *G. W.*, Bd. 8, S. 442; *Studienausgabe*, Bd. 7, S. 105. (101, 153)

_________ (1914c) Zur Einführung des Narzißmus:, *G. W.*, Bd. 10, S. 138; *Studienausgabe*, Bd. 3, S. 37. (15~16, 71, 77~79, 81, 89~90, 111, 146~147, 157, 195, 216, 243, 261, 279~280, 296, 298~299, 311, 327, 360)

_________ (1914d) Zur Geschichte der psychoanalytischen Bewegung, *G. W.*, Bd. 10, S. 43. (40, 60, 105)

_________ (1914g) Weitere Ratschläge zur Technik der Psychoanalyse: II. Erinnern, Wiederholen und Durcharbeiten, *G. W.*, Bd. 10, S. 126; *Studienausgabe, Ergänzungsband*, S. 205. (228)

———— (1915b) Zeitgemäßes über Krieg und Tods, *G. W.*, Bd. 10, S. 324; *Studienausgabe*, Bd. 9, S. 33. (92)

———— (1915c) Triebe und Triebschicksales, *G. W.*, Bd. 10, S. 210; *Studienausgabe*, Bd. 3, S. 75. (22, 44~46, 52, 71~73, 121, 179, 196, 203, 205~206, 216, 219, 239, 263, 275, 309, 313, 341, 343, 374)

———— (1915d) Die Verdrängung, *G. W.*, Bd. 10, S. 248; *Studienausgabe*, Bd. 3, S. 103. (60, 71~74, 76~77, 121, 149, 179, 182, 275, 384)

———— (1915e) Das Unbewußtes, *G. W.*, Bd. 10, S. 264: *Studienausgabe*, Bd. 3, S. 119. (19~20, 28, 53, 63, 71~74, 76, 105, 108~110, 112, 115, 168, 172, 177, 179, 181, 183, 186, 209, 217, 234, 238, 275~277, 279, 285, 287~289, 291, 321, 360, 369, 376)

———— (1916d) Einige Charaktertypen aus der psychoanalyschen Arbeits, *G. W.*, Bd. 10, S. 364; *Studienausgabe*, Bd. 10, S. 229. (321)

———— (1916~1917/1915~1917) Vorlesungen zur Einfahrung in die Psychoanalyse, Wien. *G. W.*, Bd. 11: *Studienausgabe*, Bd. 1, S. 33. (23, 40, 43, 50, 64, 79, 88~89, 129, 137, 154, 180, 184, 230, 312, 328, 382)

———— (1917a) Eine Schwierigkeit der Psychoanalyse, *G. W.*, Bd. 12, S. 3. (327~328)

———— (1917b) Eine Kindheitserinnerung aus Dichtung und Wahrheit, *G. W.*, Bd. 12, S. 15; *Studienausgabe*, Bd. 10, S. 255. (226)

———— (1917d/1915) Metapsychologische Ergänzung zur Traumlehre, *G. W.*,

Bd. 10, S. 412; *Studienausgabe*, Bd. 3, S. 175. (16, 50, 71~73, 78, 121,
146, 151, 158, 194, 201, 234, 240, 275, 289, 296, 335, 360, 369)

________ (1917e/1915) Trauer und Melancholies, *G. W.*, Bd. 10, S. 428; *Studien-
ausgabe*, Bd. 3, S. 193. (40, 71~73, 121, 159, 177, 179, 190, 275, 280~281,
296)

________ (1918b/1914) Aus der Geschichte einer infantilen Neurose, *G. W.*, Bd.
12, S. 29; *Studienausgabe*, Bd. 8, S. 125. (92, 94, 115, 154, 196)

________ (1919d) Einleitung zu Zur Psychoanalyse der Kriegsneurosen, Wien. *G.
W.*, Bd. 12, S. 321. (222, 242)

________ (1919e) Ein Kind wird geschlagens, *G. W.*, Bd. 12, S. 197; *Studienaus-
gabe*, Bd. 7, S. 229. (60, 106, 341, 342, 345)

________ (1919h) Das Unheimliche, *G. W.*, Bd. 12, S. 229; *Studienausgabe*, Bd. 4,
S. 241. (215)

________ (1920a) Über die Psychogenese eines Falles von weiblicher Homosexua-
lität, *G. W.*, Bd. 12, S. 271; *Studienausgabe*, Bd. 7, S. 255. (56)

________ (1920g) Jenseits des Lustprinzips, Wien. *G. W.*. Bd. 13, S. 3; *Studien-
ausgabe*, Bd. 3, S. 213. (46, 77, 79, 83~85, 88, 108, 146, 164, 184, 277,
282, 287~288, 291, 296, 307~308, 313, 323, 328, 341, 343~344, 347, 366,
368~369, 376)

________ (1921b) Introduction zu Varendonck, The Psychology of Day-Dreams,
London. (Deutsche Fassung, un Vollständig: *G. W.*, Bd. 13, S. 439.) (290)

________ (1921c) Massenpsychologie and Ich-Analyse, Wien. *G. W.*, Bd. 13, S.
73; *Studienausgabe*, Bd. 9, S. 61. (55, 60~62, 65, 68, 173, 195~196, 204,

212, 280~281, 296~297, 299, 304)

_________ (1922b/1921) Uber einige neurotische Mechanismen bei Eifersucht, Paranoia und Homosexualität, *G. W.*, Bd. 13, S. 195; *Studienausgabe*, Bd. 7, S. 217. (304)

_________ (1922f) Etwas vom Unbewußten: (Eigene Zusammenassung eines Kongreß-Vortrags), *G. W.*, *Nachtr.*, S. 730. (275)

_________ (1923a/1922) Psychoanalyse und Libidotheorie, *G. W.*, Bd. 13, S. 211. (10, 328)

_________ (1923b) *Das Ich und das Es*, Wien. *G. W.*, Bd. 13, S. 237; *Studienausgabe*, Bd. 3, S. 273. (28, 40, 45, 62, 79, 102, 124, 137, 151, 161, 178, 195~196, 204, 206, 215~216, 229, 261, 263, 332~333, 341~342, 347, 349~353, 376)

_________ (1923c/1922) Bemerkungen zur Theorie und Praxis der Traumdeutungs, *G. W.*, Bd. 13, S. 301; *Studienausgabe, Ergänzungsband*, S. 257. (230, 242)

_________ (1923e) Die infantile Genitalorganisation, *G. W.*, Bd. 13, S. 293; *Studienausgabe*, Bd. 5, S. 235. (299, 348, 382, 390)

_________ (1924b/1923) Neurose und Psychoses, *G. W.*, Bd. 13, S. 387; *Studienausgabe*, Bd. 3, S. 331. (178, 281, 350, 356~357, 386, 390)

_________ (1924c) Das ökonomische Problem des Masochismus, *G. W.*, Bd. 13, S. 371; *Studienausgabe*, Bd. 3, S. 339. (83, 85, 91, 206, 218, 264, 281, 308, 317, 321, 335, 359, 382)

_________ (1924d) Der Untergang des Ödipuskomplexess, *G. W.*, Bd. 13, S. 395;

Studienausgabe, Bd. 5, S. 243. (281, 300)

__________ (1924e) Der Realitätsverlust bei Neurose und Psychose, *G. W.*, Bd. 13, S. 363; *Studienausgabe*, Bd. 3, S. 355. (178, 281, 332, 382, 386)

__________ (1925a/1924) Notiz über den Wunderblock, *G. W.*, Bd. 14, S. 3; *Studienausgabe*, Bd. 3, S. 363. (147, 178, 184, 235, 238, 376)

__________ (1925d/1924) *Selbstdarstellung*, Wien, 1934. *G. W.*, Bd. 14, S. 33. (105, 328)

__________ (1925h) Die Verneinungs, *G. W.*, Bd. 14, S. 11; *Studienausgabe*, Bd. 3, S. 371. (19, 20, 83, 178, 189, 322, 369)

__________ (1925i) Einige Nachträge zum Ganzen der Traumdeutung, *G. W.*, Bd. 1, S. 561. (278)

__________ (1925j) Einige psychische Folgen des anatomischen Geschlechtsunterschieds, *G. W.*, Bd. 14, S. 19; *Studienausgabe*, Bd. 5, S. 253. (56, 281, 300, 382, 388)

__________ (1926d/1925) *Hemmung, Symptom und Angst*, Wien. *G. W.*, Bd. 14, S. 113; *Studienausgabe*, Bd. 6, S. 227. (106, 108, 114, 137, 142, 144, 220, 223, 229, 239, 281, 302, 323~325, 392)

__________ (1926e) *Die Frage der Laienanalyse*, wien. *G. W.*, Bd. 14, S. 209; *Studienausgabe*, Ergänzungsband, S. 271. (129, 392)

__________ (1926g) Übersetzung mit Fußnote von Teil I, 13, Samuel Butler, in I. Levine, *The Unconscious*, London, 1923; 1923, übersetzt von Anna Freud unter dem Titel Das Unbewußte, Wien. (163~164) (Deutsche Fassung: Fußnote: Hering, *G. W.*, *Nachtr.*, S. 770; in 1915e, enthalten in: *Studienausgabe*, Bd. 3, S. 163.)

________ (1927c) *Die Zukunft einer Illusion*, Wien. *G. W.*, Bd. 14, S. 325; *Studienausgabe*, Bd. 9, S. 135. (352)

________ (1927d) Der Humor, *G. W.*, Bd. 14, S. 383; *Studienausgabe*, Bd. 4, S. 275. (296)

________ (1927e) Fetischismus, *G. W.*, Bd. 14, S. 311; *Studienausgabe*, Bd. 3, S. 379. (106, 178, 336~337, 348, 356, 358, 390)

________ (1928b) Dostojewski und die Vatertötungs, *G. W.*, Bd. 14, S. 399; *Studienausgabe*, Bd. 10, S. 267. (308)

________ (1930a/1929) Das Unbehagen in der Kultur, Wien. *G. W.*, Bd. 14, S. 421; *Studienausgabe*, Bd. 9, S. 191. (79~80, 83, 189, 264, 278, 281, 309, 317, 321, 341, 354, 366, 375)

________ (1931b) Über die weibliche Sexualitäts, *G. W.*, Bd. 14, S. 517; *Studienausgabe*, Bd. 5, S. 273. (56, 227)

________ (1933a/1932) Neue Folge der Vorlesungen zur Einführung in die Psychoanalyse, Wien. *G. W.*, Bd. 15; *Studienausgabe*, Bd. 1, S. 447. (28, 56, 80, 106, 124, 146, 278, 280, 293~294, 304, 326, 328~329, 376, 388, 392)

________ (1937c) Die endliche und die unendliche Analyse, *G. W.*, Bd. 16, S. 59; *Studienausgabe*, *Ergänzungsband*, S. 351. (106, 109, 347, 354, 390)

________ (1937d) Konstruktionen in der Analyses, *G. W.*, Bd. 16, S. 43; *Studienausgabe*, *Ergänzungsband*, S. 393. (377)

________ (1939a/1934~1938) Der Mann Mose und die monotheistische Religion, *G. W.*, Bd. 16, S. 103; *Studienausgabe*, Bd. 9, S. 455. (278)

________ (1940a/1938) Abriß der Psychoanalyse, *G. W.*, Bd. 17, 63; das Vorwort in: *G. W.*, *Nachtr.*, S. 749; Kapitel VI in: *Studienausgabe, Ergänzungs-band*, S. 407. (80, 148, 178, 328~330, 334, 336~337, 345, 376, 382, 384, 390)

_________ (1940b/19381) Some Elementary Lessons in Psycho-Analysisc(Titel auf englisch: Text auf deutsch), *G. W.*, Bd. 17, S. 141. (121, 127)

_________ (1940e/1938) Die Ichspaltung im Abwehrvorgangs, *G. W.*, Bd. 17, S. 59; *Studienausgabe*, Bd. 3, S. 389. (279, 336~337, 382)

_________ (1942a/1905~1906) Psychopathische Personen auf der Bühne, *G. W.*, *Nachtr.*, S. 655; *Studienausgabe* 161. (227)

_________ (1950a/1887~1902) Aus den Anfängen der Psychoanalyse, London; Frankfurt am Main, 1962. (Enthält 'Entwurf einer Psychologie', 1895 (dieser jetzt unter (1950 c) in: *G. W.*, *Nachtr.*, S. 375.) (15~16, 18, 20, 52, 71, 77~78, 83, 85, 88, 108, 115, 122~123, 133, 140, 142, 146, 151, 160, 177, 180, 184, 194~195, 206~207, 216~218, 235~239, 271, 275~276, 278~279, 293, 301, 323~324, 347, 357, 369, 375~376, 382, 390)

_________ (1955c/1920) Gutachten über die elektrische Behandlung der Kriegs-neurotiker, *G. W.*, *Nachtr.*, S. 704. (222)

_________ (1955f/1909~1938) Briefe und Auszüge aus Briefen an Ludwig Binswan-ger, in *Binswanger, Erinnerungen an Sigmund Freud*, Bern. (73)

_________ (1960a) *Briefe 1873~1939*(hrsg. von E. und L. Freud), Frankfurt am Main(2. erweit. Aufl., 1968; 3., korr. Aufl., 1980). (72~73, 146)

_________ (1965a) *Sigmund Freud/Karl Abraham. Briefe 1907 bis 1926*(hrsg. von H. C. Abraham und E. L. Freud), Frankfurt am Main(2. korr. Aufl.,

1980). (40, 194, 203)

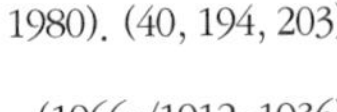 (1966a/1912~1936) *Sigmund Frend/Lou Andreas-Salomé. Briefwechsel*(hrsg. von E. Pfeiffer), Frankfurt am Main (2. überarb. Aufl., 1980). (73)

________ (1970a/1919~1936) *Sigmund Freud as a Consultant: Recollections of a Pioneer in Psychoanalysis*, New York. (Hrsg. von M. Grotjahn, Erinnerung und Kommentare von Edoardo Weiss.) (59~60) (Deutsche Ausgabe: *Sigmund Freud — Edoardo Weiss, Briefe zur psychoanalytischen Praxis*, Frankfurt am Main, 1973.)

________ (1985a/1915) Übersicht der Übertragungsneurosen (Entwurf der XII. metapsychologischen Abhandlung von 1913, *G. W., Nachtr.*, S. 634. (73)

________ (1985b/1915) Brief an Sándor Ferenczi(28. 7. 1915) in: Freud, S., *Übersicht der Übertragungsneurosen. Ein bisher unbekanntes Manuskript*, ediert und mit einem Essay versehen von Ilse Grubrich-Simitis, Frankfurt am Main, 1985, S. 8 이하, 60, Faksimile S. 61. *G. W., Nachtr.*, S. 628. (73)

Goette, A. (1883) *Über den Ursprung des Todes*, Hamburg.

Griesinger, W. (1845) *Pathologie and Therapie der psychischen Krankheiten*, Stuttgart. (17)

Groddeck, G. (1923) *Das Buch vom Es*, Wien. (278, 292)

Ubrich-Simitis, I. (1985) Metapsychologie und Metabiologie. Zu Sigmund Freuds Entwurf 'einer Ubersicht der Übertragungsneurosen', in Freud, S., *Übersicht der Übertragungsneurosen. Ein bisher unbekanntes Manuskript*, ediert und mit einem Essay verschen von Ilse Grubrich-Simitis, Frankfurt am Main, 1985, S. 83~128. (74)

Hartmann, M. (1906) *Tod und Fortpflanzung*, München. (256)

Herbart, J. F. (1824~1825) *Psychologie als Wissenschaft neu gegründet auf Erfahrung, Metaphysik und Mathematik*, Königsberg. (105)

Hering, E. (1870) Über das Gedächtnis als eine allgemeine Function der organisirten Materie, Vortrag vor der K. K. Akad. Wiss. Wien, 30. Mai. In Broschüreform, Wien, 1870. (Englische Übersetzung enthalten in Butler, S., *Unconscious Memory*, London, 1880.) (163~164)

__________ (1878) *Zur Lehre vom Lichtsinne*, Wien. (258~259)

Hollós, S. und S. Ferenczi (1922) *siehe* Ferenczi, S., und Hollós, S.를 보라.

Jackson, J. Hughlings (1878) On Affections of Speech from Disease of the Brain, in *Brain*, Bd. 1, S. 304. (166~167)

Janet, Pierre (1909) *Les névroses*, Paris. (17, 47)

Jekels, L. (1913) Einige Bemerkungen zur Trieblehres, *Int. Z. ärztl. Psychoanal.*, Bd. 1, S. 439. (95)

Jones, E. (1960) *Das Leben und Werk von Sigmund Freud*, Bd. 1, Bern und Stuttgart. (105, 122, 163)

__________ (1962a) *Das Leben und Werk von Sigmund Freud*, Bd. 2, Bern und Stuttgart. (27, 39~40, 71, 109, 194, 381~382)

__________ (1962b) *Das Leben und Werk von Sigmund Freud*, Bd. 3, Bern und Stuttgart. (275, 280, 341, 356, 364, 372, 381, 390)

Jung, C. G. (1909) Die Bedeutung des Vaters für das Schicksal des Einzelnens, *Jb. psychoanalyt. psychopath. Forsch.*, Bd. 1, S. 155. (232)

__________ (1911~1912) *Wandlungen und Symbole der Libido*, Leipzig und

Wien, 1912. (47~48, 351)

__________ (1913) Versuch einer Darstellung der psychoanalytischen Theorie, *Jb. psychoanalyt. psychopath. Forsch.*, Bd. 5, S. 307; als Buch, Leipzig und Wien, 1913. (47~48)

Kant, I. (1781) *Kritik der reinen Vernunft*, Riga. Zweite, hin und wieder verbesserte Auflage [B] 1787. (238)

Kris, E. (1956) Freud in the History of Sciences, *The Listener*, Bd. 55, Nr. 1416(17. Mai), S. 631. (163)

Laforgue, R. (1926) Verdrängung und Skotomisationk, *Int. Z. psychoanal.*, Bd. 12, S. 54. (384)

Landauer, K. (1914) Spontanheilung einer Katatonies, *Int. Z. Psychoanal.*, Bd. 2, S. 441. (203)

Levine, I. (1923) *The Unconscious*, London. (163) (Deutsche Übersetzung von Anna Freud: *Das Unbewußte*, Leipzig, Wien, Zürich, 1926. *Internationale Psychoanalytische Bibliothek*, Nr. 20.)

Lipschütz, A. (1914) *Warum wir sterben*, Stuttgart. (256~257, 264)

Loeb, Jacques (1909) *Die chemische Entwicklungserregung des tierischen Eies; künstliche Parthenogenese*, Berlin. (257)

Low, B. (1920) Psycho-Analysis, London und New York. (264, 343)

Marcinovski, J. (1918) Erotische Quellen der Minderwertigkeitsgefühle, *Z. Sex Wiss.*, Bonn, Bd. 4, S. 313. (230)

Mill, J. (1843) *A System of Logic*, London. (173)

______ ((1865) *An Examination of Sir William Hamilton's Philosophy*, London.

(173)

Münsterberg, H. (1908) *Philosophie der Werte: Grundzige einer Weltanschauung*, Leipzig. (280)

Näcke, P. (1899) Kritisches zum Kapitel der normalen und pathologischen Sexualitäts, *Arch. Psychiat. Nervkrankb*, Bd. 32, S. 356. (41)

Pfeifer, S. (1919) Äußerungen infantil-erotischer Triebe im Spiele, *Imago*, Bd. 5, S. 243. (224)

Plato, *Symposion*. (266~267)

Rank, O. (1907) *Der Künstler, Ansätze zu einer Sexualpsychologie*, Leipzig und Wien. (23, 263~264)

________ (1910) Schopenhauer über den Wahnsinns, *Zentbl. Psychoanal.*, Bd. 1, S. 69. (17)

________ (1911) Ein Beitrag zum Narzissismuss, *Jb. psychoanalyt. psychopath. Forsch.*, Bd. 3, S. 401. (39, 41)

________ (1913) Der Familienromane in der Psychologie des Attentäters, *Int. Z. ärztl. Psychoanal.*, Bd. 1, S. 565. (311~312)

________ (1924) *Das Trauma der Geburt*, Wien. (386)

Sachs, H. (1945) *Freud, Master and Friend*, Cambridge(Mass.) und London. (Seitenverweis auf die Londoner Ausgabe.)

Schopenhauer, A. (1819) Die Welt als Wille und Vorstellung, Leipzig. (2. Aufl., Leipzig, 1844.) In *Sämtliche Werke*(hrsg. von Hübsdher)(2. Aufl.), Bds. 2/3, Wiesbaden, 1949. (17)

___________ (1851) Uber die anscheinende Absichtlichkeit im Schicksale des

Einzelnen, in: *Parerga und Paralipomena* (IV), Bd. 1, Leipzig. (2. Aufl., Berlin, 1862.) In *Sämtliche Werke*(hrsg. von Hübscher), Leipzig, 1938, Bd. 5, S. 213. (259)

Silberer, H. (1909) Bericht über eine Methode, gewisse symbolische Halluzinations-Erscheinungen hervorzurufen und zu beobachtens, *Jb. psychoanalyt. psychopath. Forsch.*, Bd. 1, S. 513. (63~64)

__________ (1912) Symbolik des Erwachens und Schwellensymbolik überhaupts, *Jb. psychoanalyt. psychopath. Forsch.*, Bd. 3, S. 621. (63~64)

__________ (1914) *Probleme der Mystik und ihre Symbolik*, Leipzig und Wien. (185)

Spamer, C. (1876) Über Aphasie und Asymbolie nebst Versuch einer Theorie der Sprachbildungs, *Arch. Psychiat. Nervkrankh.*, Bd. 6, S. 496. (173)

Spielrein, P. (1912) Die Destruktion als Ursache des Werdens, *Jb. psychoanalyt. psychopath. Forsch.*, Bd. 4, S. 465. (263~264)

Stärcke, A. (1914) *Einleitung zur holländischen Übersetzung von S. Freuds 'Die kulturelle Sexualmoral und die moderne Nervosität'*, Leyden. (263~264)

Stekel, W. (1908) *Nervöse Angstzustände und ihre Behandlung*, Berlin und Wien. (324)

Tausk, V. (1913) Entwertung des Verdrängungsmotivs durch Rekompense, *Int. Z. ärztl. Psychoanal.*, Bd. 1, S. 230. (209)

________ (1919) Über die Entstehung des Beeinflussungsapparates in der Schizophrenie, *Int. Z. ärztl. Psychoanal.*, Bd. 5, S. 1. (156)

Vakendonck, J. (1921) *The Psychology of Day-Dreams*, London und New York.

(290)

Weismann, A. (1882) *Über die Dauer des Lebens*, Jena. (254~255)

___________ (1884) *Über Leben und Tod*, Jena. (254, 256)

___________ (1892) *Das Keimplasma*, Jena. (254, 265)

Ziegler, K. (1913) Menschen- und Weltwerdens, *Neue Jb. klass. Altert.*, Bd. 31, S. 529. (267)

† 꿈 이론에 대한 메타심리학적 보충

1917　*Int. Z. ärztl. Psychoanal.*, Bd. 4(6), S. 277~287.

1918　*S. K. S. N.*, Bd. 4, S. 339~355. (1922, 2판)

1924　*G. S.*, Bd. 5, S. 520~534.

1924　*Technik und Metapsychol.*, S. 242~256.

1931　*Theoretische Schriften*, S. 141~156.

1946　*G. W.*, Bd. 10, S. 412~426.

† 애도와 멜랑콜리

1917　*Int. Z. ärztl. Psychoanal.*, Bd. 4(6), S. 288~301.

1918　*S. K. S. N.*, Bd. 4, S. 356~377. (1922, 2판)

1924　*G. S.*, Bd. 5, S. 535~553.

1924　*Technik und Metapsychol.*, S. 257~275.

1931　*Theoretische Schriften*, S. 157~177.

1946　*G. W.*, Bd. 10, S. 428~446.

† 신경증과 정신병

1924　*Int. Z. ärztl. Psychoanal.*, Bd. 10(1), S. 1~5.

1924　*G. S.*, Bd. 5, S. 418~422.

1926   *Psychoanalyse der Neurosen*, S. 163~168.

1931   *Neurosenlehre und Technik*, S. 186~191.

1940   *G. W.*, Bd. 13, S. 387~391.

† 신경증과 정신병에서의 현실 상실

1924   *Int. Z. ärztl. Psychoanal.*, Bd. 10(4), S. 374~379.

1925   *G. S.*, Bd. 6, S. 409~414.

1926   *Psychoanalyse der Neurosen*, S. 178~184.

1931   *Neurosenlehre und Technik*, S. 199~204.

1940   *G. W.*, Bd. 13, S. 363~368.

† '신기한 글쓰기 판'에 대한 소고

1925   *Int. Z. ärztl. Psychoanal.*, Bd. 11(1), S. 1~5.

1925   *G. S.*, Bd. 6, S. 415~420.

1931   *Theoretische Schriften*, S. 392~398.

1948   *G. W.*, Bd. 14, S. 3~8.

† 부정

1925   *Imago*, Bd. 11(3), S. 217~221.

1926   *Psychoanalyse der Neurosen*, S. 199~204.

1928   *G. S.*, Bd. 11, S. 3~7.

1931   *Theoretische Schriften*, S. 399~404.

1948   *G. W.*, Bd. 14, S. 11~15.

† 절편음란증(물신주의)

1927   *Almanach 1928*, S. 17~24.

1927   *Int. Z. ärztl. Psychoanal.*, Bd. 13(4), S. 373~378.

1928   *G. S.*, Bd. 11, S. 395~401.

1931   *Sexualtheorie und Traumlehre*, S. 220~227.

1948   *G. W.*, Bd. 14, S. 311~317.

† 방어 과정에서의 자아분열

1940   *Int. Z. Psychoanal. Imago*, Bd. 25(3/4), S. 241~244.

1941   *G. W.*, Bd. 17, S. 57~62.

Almanach 1928: 1923년 연감, Wien, Internatio analytischer Verlag, 1927.

Collected Papers: S. Freud, Collected Papers(5 Bde.), London, 1924~1950.

Conditio humana: 인문학 연구 결과를 모은 Conditio humana 시리즈, S. Fischer Verlag, Frankfurt am Main, 1969~1975.

G. S.: S. Freud, 『*Gesammelte Schriften*(전집)』(12 Bde.), Internationaler Psycho-analytischer Verlag, Wien, 1924~1934.

G. W.: S. Freud, 『*Gesammelte Werke*(전집)』(18 Bde., 권번호가 붙지 않은 별책 포함), Bde. 1~17, London, 1940~1952; Bd. 18, Frankfurt am Main, 1968.

Nachtr.: Nachtragsband(『별책』), Frankfurt am Main, 1987.

Neurosenlehre und Technik(『신경증 이론과 테크닉』): S. Freud, *Schriften zur Neurosenlehre und zur psychoanalytischen Technik* (1913~1926), Wien, 1931.

Psychoanalyse der Neurosen(『신경증의 정신분석』): S. Freud, *Studien zur Psychoanalyse der Neurosen aus den Jahren 1913~1925*, Wien, 1926.

S. K. S. N.: S. Freud, *Sammlung kleiner Schriften zur Neurosenlehre*(『신경증 이론에 대한 짧은 저작 모음집』), 5 Bde. Wien, 1906~1922.

Standard Edition: The Standard Edition of the Complete *Psychological Works of Sigmund Freud*(24 Bde.), The Institute of Psycho-Analysis, Hogarth Press, London, 1953~1974.

Studienausgabe(『보급판 전집』): S. Freud, *Studienausgabe*(10 Bde., 권번호가 붙지
않은 별책 포함), S. Fischer Verlag, Frankfurt am Main, 1969~1975.

Technik und Metapsychol.(『테크닉과 메타심리학』): S. Freud, *Zur Technik der
Psychoanalyse und zur Metapsychologie*, Wien, 1924.

Theoretische Schriften(『이론적 저작』): S. Freud, *Theoretische Schrif-
ten*(1911~1925), Wien, 1931.

이 저작에서 사용된 그 밖의 약어는 『과학적 정기간행물 국제 목록(*World List of
Scientific Periodicals*)』(4판)을 따랐다.

† 역자 첨가

Z.: Zeitschrift(잡지)

psychoanalyt.: psychoanalytisch(정신분석적)

ärztl.: ärztlich(의학의, 의사의)

psychiat.: psychiatrisch(정신의학의)

찾아보기

ㅇ

Sigm. Freud